用土を変えずに連作できる
プランターの田畑リレー栽培

中島康甫

農文協

はじめに

　私は家庭菜園を始めて30年以上経ちます。
　当初は、地主さんのご厚意でわが家の近くに100㎡くらいの土地を借りて始めました。今でもよく覚えています。最初の年は予想以上に好成績だったことを。しかし、2年目、3年目とだんだん結果が悪くなっていったのです。虫がはびこり病気にかかるし、良かれと思い実施したことが、次々裏目に出たのです。1年目のルンルン気分とは逆に、趣味の菜園でストレスがたまったものでした。

　そんなとき救ってくれたのが、友人からもらった「ぼかし肥」でした。ぼかし肥と緩効性肥料とを組み合わせ、何とか安定した栽培が可能となりました。ぼかし肥が土地のリフレッシュに大いに役立ってくれたのでした。この栽培方法は同じ悩みをもつ家庭菜園愛好家に役に立つこと間違いなしと考え、2000年に『30坪の自給菜園』(農文協)を出版いたしました。

　それから、1年くらい経ったころ、地主さんのやむなき事情で畑を返さなければならなくなりました。そこでわが家の小さな庭を、庭師さんに頼んで、椿、槙、椎の木々を伐採してもらい、約30㎡の畑地をつくりました。面積が小さくなりましたので、畑の利用率向上のためにプランター栽培を補助的に始めました。

　トマトやイチゴなどは畑栽培以上に甘みがのりおいしいものがとれましたが、庭土を用土に使っていたためか、すぐにネマトーダ(センチュウ)やコガネムシの幼虫による被害に悩まされるようになりました。気になることが起これば、すぐに調べるのが、私の流儀です。私は、施設園芸でネマトーダ対策に、一定期間水をためて湛水処理する方法があることを知りました。湛水処理法なら、安全で費用はかからず、プランターなら排水口に栓をするだけで簡単にできました。

　さらに、日本には古くから田んぼでイネと野菜を交互に作る「田畑輪換」という農法があることを知り、イネ(黒米)やセリ、空心菜、レンコン、クワイを湛水処理を兼ね、またプランターの利用率向上を目指して栽培してみました。ところが、イネやセリの収穫後にはかなり頑強な根鉢ができ、簡単には崩れないのです。次作の野菜のために、根をできるだけ除いて堆肥や土壌改良材、肥料を混合することができません。

　「窮すれば通ず」とでもいいましょうか。それを解決したのは、半ばやけくそで試した、根鉢をそのままに次作の作物を植え付ける「不耕起栽培」でした。根鉢は腐熟すると団粒構造のような「水はけが良く、水もちの良い土」になることを発見したのです。

　本書は、以上のような私の十数年のプランター栽培の成果をまとめました。私は同じ作物の組み合わせを何年繰り返しても連作障害が出ないかどうか確かめるために、PART2で紹介したように、プランターごとに組み合わせを固定して、用土を交換せずに栽培してきました。しかし実際には同じ作物に固執する必要はまったくありません。また1作ごとに田んぼ状態に戻す必要もないかもしれません。畑作物のできが悪くなったとき、あるいは、そう感じたときに、田んぼ状態にして土の再生をはかれば良いと考えます。

　土地が違えば気候も異なり、作付け適期も異なります。その土地に合った栽培法を模索するからこそ、家庭菜園は知的であり面白いのだと痛感しています。本書が、そのヒントになることを願っています。私も絶えず考えながら、少しずつ新しいことにチャレンジしていきたいと思っています。

2015年1月　中島康甫

用土を変えずに連作できる
プランターの田畑リレー栽培
もくじ

はじめに……………………………………1

Part1
これなら楽々、毎年連作できる
田畑リレープランター栽培 ………… 3

1 小さな庭のプランター菜園 ………… 4
2 湛水処理法で手軽に用土を再生 ……… 6
3 湛水処理法の手順 ………………… 8
4 湛水作物⇨畑作物で田畑リレー栽培 … 11
5 根鉢を活かして不耕起栽培 ………… 16
6 肥料の作り方、施し方 ……………… 22

コラム
湛水処理法で栄えたエジプト文明…………7
プランターの田んぼで庭の生態系に変化 … 15
プランター簡易トンネルの作り方 ………… 26
後作のエンドウでわかった根粒菌の働き … 35
正月に飾るヒコバエ ……………………… 36
種からのレンコン栽培 …………………… 88
タマネギの後作のササゲは、
　なぜか本葉の2～3枚目が奇形に？ …… 92
ササゲの根鉢 ……………………………… 93
ムカゴから1年イモの育成 ……………… 104

Part2
田畑リレー栽培の実際 ……………… 27

1 黒米(イネ)⇨イチゴ ………………… 28
　黒米の栽培 …………………………… 29
　イチゴの栽培 ………………………… 36
2 空心菜⇨ブロッコリー ……………… 43
　空心菜の栽培 ………………………… 43
　ブロッコリーの栽培 ………………… 47
3 アピオス⇨セリ ……………………… 49
　アピオスの栽培 ……………………… 50
　セリの栽培 …………………………… 53
4 セリ⇨キュウリ ……………………… 58
　セリの栽培 …………………………… 58
　キュウリの栽培 ……………………… 61
5 クワイ⇨エンドウ …………………… 67
　クワイの栽培 ………………………… 67
　エンドウの栽培 ……………………… 71

6 トマト⇨湛水⇨極早生タマネギ ……… 75
　トマトの栽培 ………………………… 75
　極早生タマネギの栽培 ……………… 80
7 レンコン(ハス)⇨超極早生タマネギ … 84
　レンコンの栽培 ……………………… 85
8 晩生・中晩生タマネギ⇨ササゲ⇨湛水 … 89
　晩生・中晩生タマネギの栽培 ………… 89
　ササゲの栽培 ………………………… 91
9 ショウガ⇨湛水 ……………………… 94
　ショウガの栽培 ……………………… 95
10 ナガイモ⇨湛水 …………………… 99
　ナガイモの栽培 ……………………… 99
11 ジネンジョ⇨湛水 ………………… 106
　ジネンジョの栽培 …………………… 106

解説図：中島康甫

6月●黒米の分けつ

5月●黒米の田植え

8月●黒米の出穂

Part1
これなら楽々、毎年連作できる田畑リレープランター栽培

10月●黒米の刈り取り

4月●イチゴの収穫

11月●イチゴの定植

2月●イチゴ休眠

小さな庭のプランター菜園

小さな庭をフル活用できるプランター菜園

　都会ではプランターなどのコンテナ（容器）を使って野菜を栽培する人が増えています。大きな畑はないが、庭の小さなスペースで、納得のいく安全な栽培方法で育て、とれたての新鮮な野菜を食べたい、そんな多くの園芸愛好家の悩みを解消してくれるのがプランター栽培です。

　私は自宅のすぐ近くに約30坪の農地を借り受け、長きにわたり家庭菜園を楽しんできました。しかし、十数年前、地主さんの事情で返還してからは、わが家の庭の木を少し整理して約30㎡の菜園に仕立て直しました。このような庭の小さな菜園でも、プランターを併用すると、思いのほか生産性を向上させることができます。軒下や庭木の真下、砂利を敷き詰めた場所などは、畑にするのはむずかしいですが、プランターなら設置でき、庭をフル活用できます。また、プランター栽培なら屋上でもできます。屋上は日当たりが良いので野菜作りには好適で、コンテナをいくつも並べると夏の強烈な太陽による温度上昇

を緩和できるので、まさに一石二鳥です。

　私は、トマトやキュウリ、ナス、ピーマン、イチゴ、エンドウ、ネギ、ブロッコリー、インゲン、ササゲ、ナガイモ、ショウガ、タマネギ、シュンギクなどの畑作物と、湛水栽培するイネやセリ、空心菜、レンコン、クワイを含めて約25種類を、標準プランターを50台使って作っています。イチゴやトマトなどは畑で作るよりもプランター栽培のほうが甘くておいしいものが収穫できます。

庭の日照条件に合わせてプランターを配置

　庭には日当たりなど、環境条件の違った場所がいろいろあります。雨が当たらない軒下や庭木の下、西日の当たらない西側の塀の近くや南側の塀の脇など千差万別です。さらに季節によっても場所によっても日当たりが違います。このような場所でも、プランターなら適した作物を選んだり、季節によって移動したりすれば問題ありません。

↑軒下で雨よけ栽培のトマト。支柱は物干し台を活用

わが家の庭の日照条件

イラスト：金成泰三

日陰は南側の隣の屋根と庭木によるもので、1日を通して日当りは複雑に変化する。太陽の高度が低い冬至はほとんど直射日光が当たらない。春分を過ぎ、陽が高くなると日当りが良くなり、夏至には充分な日照が確保でき、大方の夏秋野菜が栽培可能となる。

冬至の12時の日当り

春分の12時の日当り

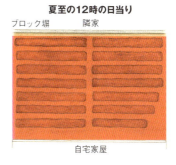
夏至の12時の日当り

↑夏、半日陰で育つショウガとレンコン

　たとえば、ショウガは連作にも弱く、日当たりの条件も春は日当たりが良く暖かい場所が、そして夏には半日陰となるところが好適地です。狭い畑ではむずかしい作物ですが、プランター栽培なら、春、夏それぞれに最適な場所に移動できます。

←ハナカイドウの樹冠を覆う、紅葉したジネンジョの葉

↓モミジの樹冠に咲いたアピオスの花

支柱はプランター脇の地面にさして

　トマトやキュウリやニガウリ、つるありインゲン、ササゲ、ナガイモなどには、高さ1〜2mの支柱が必要です。小さなプランター内に、強風にも耐えられる支柱を設置するのは困難です。

　ところが、支柱を地面に直接立て横棒を渡して固定し、そのそばにプランターを置けば、畑と同様の支柱が簡単にできます。また、コンクリートの軒下や屋上では、私は物干し台を両サイドに置いて支柱代わりにしています。

　庭木を支柱代わりにすることだって可能です。ジネンジョやアピオスのように、ツル先につく実を収穫しない作物なら、木の下にプランターを置き、ツルを樹木に絡ませます。ツルは自ら日当たりを求めて手の届かないところまで伸びていきます。

↓プランターを3台並べ地面に支柱を立ててネットを張り、ツルを誘引したキュウリ

Part 1-2 湛水処理法で手軽に用土を再生

プランター栽培の最大の悩みは連作障害

　プランター栽培の最大の悩みは、毎年同じ用土を使い続けていると連作障害が出やすいことです。連作障害の原因にはいろいろあります。

　トマトやナス、ジャガイモなどのナス科や、エンドウやインゲンなどのマメ科は、連作すると忌地(いやち)物質がたまり生育が悪くなります。これは、プランター栽培でもほかの作物と輪作すれば解決します。問題は病原菌やセンチュウ、コガネムシの幼虫の害です。
センチュウは種や種イモ、腐葉土や堆肥に付着してプランターに侵入します。イチゴやナガイモ、トマト、キュウリ、インゲン、オクラなどが侵されやすいです。

　コガネムシは、6～8月に成虫が飛来し、イチゴ、エダマメ、インゲン、ナガイモなどの葉を好んで食い荒らし、プランターに卵を植え付けます。産み付けられた卵が土中でふ化して根を食い成長を阻害し、ナガイモはイモの表面に傷を付けられます。

　畑栽培に比べて根の張るスペースが狭いため、作物の根を好み食害する土壌病原菌や、センチュウやコガネムシの幼虫などの土壌害虫が繁殖しやすいのです。畑にはこれらの天敵も多く生息しているので、病原菌や害虫だけがはびこりにくいのです。プランター栽培では、定期的に新しい用土に入れ替えることが原則になります。

　しかし、新しい用土は簡単に入手できても、都会では何度も使ってくたびれた土を簡単に処分できません。ほとんどの自治体は、廃土を家庭ごみとして回収してくれません。

　そこで、用土中の病原菌や害虫を殺して、用土を再生して使い続けることが重要になります。「バスアミド」などの土壌消毒剤もありますが、家庭菜園では使いたくありません。シート上に広げ天日で紫外線に当てて殺菌消毒したり、堆肥を混ぜ、ポリ袋に入れ暖かい場所に置いて60℃以上の高温で消毒する太陽熱消毒法など、再生法にはいろいろありますが、どれも効果は今一、期待したほどには戻ってくれません。

プランターなら手軽にできる湛水処理法

　簡単で確実に消毒効果が現れる方法があります。水をためて害虫や病原菌を窒息死させる湛水処理法です。

　前作の地上部を取り除き、排水口にゴム栓をして、プランター上面まで注水します。湛水期間は、高温の夏場であれば1ヵ月以上、低温の冬場は2～3ヵ月以上必要です。

　湛水すると用土中の酸素が追い出され、残った酸素も微生物や小動物の呼吸で消費されてなくなります。まず、センチュウやコガネムシなどの小動物は窒息死します。微生物も、畑状態で多い好気性菌は酸素呼吸で生きているので、湛水されると死滅します。病原菌の多くは好気性菌のカビ類（糸状菌）なので、湛水処理によって殺菌されます。ただし、

⬅ネコブセンチュウに侵されたキュウリの根

⬇コガネムシの幼虫。幼虫のいるプランターを2～3日湛水すると表面に出てきて水死する

麹菌や納豆菌、放線菌などの善玉菌も好気性菌なので死んでしまいます。

乳酸菌や酵母菌、それに多くの細菌は酸素があってもなくても生きていけます。これらを条件的嫌気性菌といいます。条件的嫌気性菌や嫌気性菌の細菌は、発酵作用によってエネルギーを得て、乳酸やアルコール、それに悪臭となる硫化水素やアンモニアを出します。湛水処理した後に排出した水が、どぶ臭を放つのはこのためです。この臭いこそがプランターの土に生存する微生物が、好気性から嫌気性に変わった証しです。

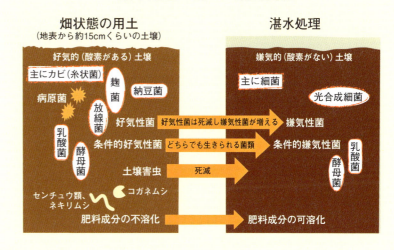

湛水処理で起こる劇的変化

↑湛水処理中のプランター

嫌気性菌の中には、光合成を行なう光合成細菌もいます。光合成細菌は、アンモニアや硫化水素などの有害物質をエサにして浄化し、アミノ酸やビタミンなどを合成します。

さらに湛水すると酸素不足の還元状態になり、酸性であった畑土が中性に近づき、さまざまな化学反応が起きます。たとえば、カルシウムや鉄、アルミニウムと結合して不溶化していたリン酸成分が還元され、植物が吸収しやすい状態に変化します。

プランターに水を張るだけで、このような劇的な変化が土に起こるのです。

湛水処理法で栄えたエジプト文明

学校では、「毎年起こったナイルの洪水で、栄養分を含んだ土が流れ込み、土壌が肥沃となり、豊かな農業が可能であったから、古代エジプトは繁栄できたのだ」と教わりましたが、プランター栽培の湛水処理法を行なうようになって、それだけではなかったのではないか、と考えるようになりました。つまり、洪水によってもたらされた栄養分の効果よりも、畑の湛水効果によって、連作障害低減に重要な役割を果たしていたのではないでしょうか。

毎年、夏場にエチオピア高原に降る大雨がナイル川を氾濫させ、エチオピア高原のミネラル分の多い黒土をナイル川でデルタに運び、いわば「客土」し、湛水処理効果で耕地がリフレッシュします。その後に大麦や小麦の種をまきます。春に麦類を刈り取り、次いで豆類を植え付けます。豆類を収穫するとナイル川が再び増水し湛水状態になります。豆類の根粒菌と川の水がもたらす栄養分で作物は育ち、肥料は使われていなかったというから驚きます。麦類も豆類も連作障害が出やすい作物ですが、この客土と湛水処理によって、持続可能な農業を達成できたからこそ、大きな文明を築けたのではないでしょうか。今は、アスワンハイダムなどによる治水で、洪水はなくなりましたが、連作障害に悩まされていると聞きます。

Part 1 3 湛水処理法の手順

プランターは標準プランターが最適

いろいろな形、サイズの栽培容器が市販されていますが、湛水処理や湛水作物を栽培するには、側面下部に排水口のある、スノコ付きのプランターが好適です。ダイコンなどの根菜類には深いプランターが適していますが、湛水処理効果や移動性、汎用性などから、容量が13～15ℓの標準プランターといわれるものがおすすめです。

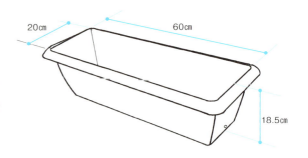

標準プランター

湛水処理の手順

❶ 排水口に栓をする

排水口の栓は、付属のスノコに付いており、これをスノコから切り離して使います。しかし、プランターの外側から効率よく栓をしたりはずしたりするには、ゴム製の栓のほうが何かと便利です。標準プランターの排水口の径は10mmなので、購入するゴム栓のサイズは上径12～13mm、下径9～10mm、高さ14～16mmのものを、理化学機器店やインターネットで入手します。

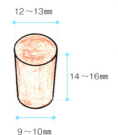

⬅ プランターのスノコに排水口用の栓が付いている(矢印)。スノコから切り離して使用する

⬅ ゴム栓をプランターの外側から排水口に差し込む

❷ スノコをはずし、排水口内側にネットを

湛水するときはスノコをはずし、排水口の内側にネットを入れ、排水時に土が漏れ出るのを防止します。このネットは、目合い1mmくらいのポリエチレン製の防虫ネットの端切れが好適ですが、エダマメやオクラなどの野菜が入っているネットを3、4枚重ねるなど、フィルターの役目が果たせるものであれば何でもかまいません。

➡ 排水口の内側に土の流失を防ぐネット(防虫ネット)をセットする

❸ 8分目くらいまで古土を入れる

畑土あるいはプランター栽培などで使用した古い土を入れます。土の中の太い根などは取り除きますが、堆肥や腐葉土、それに苦土石灰も添加する必要はありません。

排水口のネットが移動しないように丁寧に土を入れ、プランター容量の8割くらいまで満たします。

⬇ 古土を入れ戻す

④ 夏場は中央をヒモで縛る

夏場は温度が上がりプラスチックの可塑性が増し、変形しやすくなります。水が注入されるとプランター内壁に圧力がかかり、プランター中央部が膨らみ、形が崩れてしまいます。これを防止するために、注水前にポリエチレン製ヒモで鉢巻をすることをおすすめします。

⬆ プランターが歪まないように中央部をヒモで縛る

⑤ たっぷり湛水する

水をプランターの縁にたまるまでたっぷりかけ、プランター内の空気を抜きます。

⬆ 縁まで湛水する

湛水処理土の再生法

湛水処理後の古土は、病原菌や害虫は死滅しますが、善玉菌も死んで少なくなっています。さらに有機物や腐植も分解され、団粒構造が水圧でつぶれて沈み、硬くなっています。湛水処理後にそのまま作物を植えると、水はけが悪く、生育が悪くなってしまいます。

そこで、湛水処理の後は土改材（土壌改良材）などを入れて用土の団粒構造を仕立て直す必要があります。堆肥などの土改材が土になじむのには2週間くらい必要なので、次の作物の作付け予定日の2週間前までに、湛水処理土の再生作業を開始します。

⬆ ポリフィルムで覆う

⑥ 夏場はシートでカバーしボウフラ対策

夏場は湛水し1週間も経つとボウフラが発生します。薄いポリフィルムのシートでプランターをカバーするとボウフラの発生を防止できます。また水の蒸散量も少なくなるので、水の補給も少なくなります。シートはどんなフィルムでもOKですが、45ℓのゴミ袋を切り開き、40×120cmのシート2枚を作ります。この1枚をかぶせ、ポリエチレン製ヒモでシートの裾を縛れば対策完了。

⑦ 夏場は1ヵ月以上、冬場は2～3ヵ月以上湛水を続ける

湛水処理中のプランターは、暖かい場所に置くのがベストです。しかし、そのような場所には栽培中のプランターを優先して置くことになるので、日陰でもよいので水平な場所に置きます。常に水が土の表面を覆っているよう、ときどきチェックし、減っていれば補給し、夏場1ヵ月以上、冬場は2～3ヵ月以上湛水を続けます。

① プランターを傾斜させ排水

排水口側が低くなるようプランターの端にブロックやレンガなどで枕をかませ、2～3日おいて、プランター内の水をすべて排出します。

⬆ 排水口の反対側に枕をかませて排水する

❷ ブルーシートにあけ、土改材を混合

　水が切れたら、ブルーシートなどの上にプランターをひっくり返して用土をあけます。前作の根もほとんど腐熟してなくなっていますが、太い根などが残っていたら取り除きます。水分が多く土がべたつく場合は、広げて乾かします。天気の良い日であれば1日で扱いやすいいい状態になります。

⬆湛水処理した用土をあけて、乾かす

❸ 土改材と基肥を混合

　酸度矯正と団粒構造を再生させるために、標準プランター1台の土に、苦土石灰30g、堆肥0.5ℓ、ピートモス0.5ℓ、バーミキュライト0.5ℓ、モミガラくん炭0.5ℓを用意します（ナガイモ類とショウガは土改材の量が前記と異なる）。

　そこに、少なくなった善玉菌を増やし、基肥となるぼかし肥を加えます。量は次作の作物によって違いますが、70～150gを目安にします。ただし、次作が直まきからスタートする場合は、ぼかし肥はここで混合せず、発芽後、表層に施します。無肥料のほうが、よく発芽するからです。

⬆上中央より右まわりに、堆肥0.5ℓ、苦土石灰30g、モミガラくん炭0.5ℓ、ピートモス0.5ℓ、バーミキュライト0.5ℓ

❹ 用土をプランターに入れ、2週間寝かす

　次作の作物が畑作物のときは、排水口の栓は抜いたまま、アピオス以外はスノコを定位置にセットします。付属のスノコは少し目が粗いので、目合い1mmくらいのプラスチック製のネットをスノコの上に敷いたほうが良いです。私は古い防虫ネットをスノコより少し大きくカットして敷いています。このネットは、次に湛水処理するときに、4重に折って排水口の内側に敷いて、土の漏出防止に使います。

　そして再生土を入れ、2週間寝かせてから次作の作物を作付けします。

⬆スノコをセットし、ネットを敷く

⬆再生土を詰め、2週間寝かす

湛水作物⇔畑作物で田畑リレー栽培

日本の田畑輪換栽培に学ぶ

日本では古くから、水を張った田んぼでイネを作り、次に水を抜いて、ふつうの畑として野菜を育てる「田畑輪換栽培」(あるいは「田畑転換栽培」)が行なわれていたことを知りました。江戸時代を代表する農業指導書『農業全書』には「作物を作っているうちに地力が弱ったとき、水田に戻してイネを作れば、土地の性質が変わって、作物がよく生育する」と田畑輪換栽培の利点を述べています。

今でも農家には、田んぼでナスやサトイモをイネと交互に栽培する方がいます。田んぼは畑として使うことはむずかしくありませんが、畑を水田に転換するには、水利の確保だけでなく、水をためるために畦や耕盤をつくらなければならないので、簡単にはできません。しかし、プランター栽培なら、水を張ったり、抜いたりするのはいとも簡単です。

そこで私は、10年前から、湛水処理法と「田畑輪換栽培」による「プランター田畑リレー栽培」に挑戦してきました。プランターごとに作付けする作物を決めて、用土を取り替えずに毎年連作してきました。

湛水栽培が可能な5種類

水をためて育てる作物は、そんなに多くはありません。私は湛水で栽培可能と思われるイネ、セリ、空心菜、クワイ、レンコンとクレソンの栽培にチャレンジしました。これらが湛水栽培できるのは、湛水した土中の根に茎葉から空気を運ぶしくみが備わっている水生、湿生植物だからです。西洋ゼリとも呼ばれているクレソンは、セリと同様に寒さに強いのですが、清流を好み、プランターでは頻繁に水を取り替えないとうまく育ちませんでした。

湛水作物としておすすめするのは、イネ、セリ、空心菜、クワイ、レンコンの5種類です。

❶ イネ… 湛水作物の王者、冬場作物と組み合わせる

イネには連作障害がないので連作でき、日本列島では約3000年前から作られてきたといわれています。イネは湛水作物の王者です。

イネの種類、品種には多数ありますが、私は最初から黒米を選びました。1台の標準プランターで収穫できる量は、2株で100g弱です。白米ではご飯茶わん1、2杯分で終わってしまいますが、黒米ならふつうのうるち米1合に小さじたった1杯混ぜるだけでおいしい赤飯ができるので、何度も食卓に上がり、そのたびに自分で作ったものを食べる満足感をエンジョイできます。

また、自然食品の店で売られている黒米は玄米なので、これを種にすることができます。

黒米は、4月に種まきした苗を5月上旬に植え、10月末から11月上旬に収穫します。黒米のリレー作物にはイチゴを筆頭に、タマネギやエンドウ、シュンギク、ホウレンソウなど、寒さに強い作物が適しています。

⬆元気に育ち、扇状に分けつを始めた黒米。
1台に2ヵ所植え、中央を結束してゆがまないようにする

❷ セリ… 唯一の冬場の湛水作物、夏秋野菜と組み合わせる

春の七草のセリは、セリ科の多年草で、日本の野山に自生する作物なので、大変作りやすいし、緑の野菜が少ない真冬に収穫できます。3月末に収穫を終えると、最も作りたいトマト、ピーマン、ナス、インゲン、エダマメ、キュウリなど夏秋野菜とうまく組み合わせることができる、唯一の湛水作物です。

セリは夏に花が咲き種ができますが発芽率が悪いので、春に親株をバケツなどに植えて、そのランナーを苗として育苗します。

ひとつだけ栽培上注意することがあります。セリの後に植えた夏秋野菜が、いずれも5月末～6月中旬に、それまで健全な葉色を呈していた葉が急に緑色が抜け、黄変を始めます。気温が急に上昇する時期と一致するので、前作のセリの根が急に分解し始めて、チッソ飢餓が起こるのです。

そこで葉色が落ちてきたら、尿素の1000倍液をプランター当たり1～2ℓ、4～5日ごとに2～3回与えます。この施肥が遅れるとその後の成長に悪影響を及ぼすので速やかな対応が必須です。ちなみに、黒米や空心菜の後作の冬場作物では、前作の根が穏やかに分解するからか、このような問題は生じません。

⬆湛水したプランターで、冬の光を浴び育つセリ

❸ 空心菜

茎の中が空洞の空心菜は、原産地が熱帯アジアでヒルガオ科の多年草です。暑さには強いが寒さに弱いので、日本では5～11月に生育する一年草です。葉の形がツバメの形に似ているので「燕菜（えんさい）」、またアサガオに似た花が咲くのでアサガオ菜とも呼ばれています。青物野菜が育ちづらい真夏によく成長し、栄養価も高いので、真夏に重宝する青菜です。

畑状態でも育ちますが、大変水分を欲しがる野菜で、湛水でも育ちます。高温を好み、真夏は湛水で育てるほうが旺盛に育ちます。また、空心菜は、春の播種適期の期間が長く、収穫期間も長いので、工夫するとリレーできる野菜が多くなります。たとえば、春早めに種まきし、収穫を早めに終えれば、ブロッコリーやカリフラワーのような晩秋から初冬に収穫できる野菜にもリレーできます。

⬆湛水したプランターで育つ空心菜。

❹ クワイ

クワイは葉を大きく展開するので場所を取りますが、7～8月の姿が美しく、観葉植物として、我が家を訪問する客人を喜ばせます。「あれは、なんですか？」「クワイです」「お正月に食べる、あれですか」「お正月の残りものを植えたのです」と。田んぼの雑草のオモダカの仲間なので、水を切らさなければ栽培は容易です。収穫が11月上旬と遅くなるので、後作はエンドウなどに限られます。

⬆湛水したプランターで育つクワイ。7月、8月の葉はつやつやかで、観葉植物として栽培する人もいる。1台に1株、株の両側を結束する

❺ レンコン

　穴の空いた地下茎が太るレンコン。泥沼のような深くて広い蓮田で栽培されています。標準プランターでも栽培できますが、どうしても小さくて硬いものしかできません。しかも、レンコンが太ると根鉢が持ち上がって外に出てしまうので、植え付け時の用土量を通常の半分にしなければなりません。プランター1台で再生できる量が少ないです。

　収穫は10～11月ですが、春の種レンコンの植え付けが3月下旬から4月上旬と早いので、クワイよりも後作が限られます。ポリフィルムで簡単な保温用トンネルを作ればコマツナやミズナ、ホウレンソウなどの軟弱野菜を作ることも可能です。

　私はレンコン栽培の主目的を用土の再生において、楽しんでいます。

⬆湛水したプランターで育つレンコン

1作ごとに田畑リレーする必要はない

　PART2では、連作障害を回避し長年にわたり同じ作物を作ることができることを紹介したかったので、「黒米（田）⇨イチゴ（畑）」のように、同じ作物を毎年繰り返し栽培するような事例を選んで紹介しました。しかし、田んぼの作物は種類が少なく、畑作物が圧倒的に多いので、1作ごとに田畑リレーするとどうしても、プランターの利用効率が悪くなり、収穫物も偏ってしまいます。

　湛水作物はあくまで連作障害を防ぎ用土を再生させることが主目的なので、毎年作る必要はありません。畑作物を2～3作輪作した後に、湛水作物を作って再生させ、再び畑作物の2～3作へとリレーしていくほうが効率よく栽培できます。たとえば、ひとつのプランターで、黒米（田）→エンドウ（畑）→キュウリ（畑）→セリ（田）→インゲン（畑）→湛水→ブロッコリー（畑）→ネギ（畑）というようにリレーするのです。

田畑リレー栽培の組み合わせルール

　リレー作物の組み合わせを決める際には、前作の収穫終了時期から、次作の苗の植え付け、あるいは種まきまでの期間、いわばバトンゾーン期間を2週間くらいとれる作物を選びます。また、作物には相性の良い組み合わせがあるので、その点も考慮します。

❶ 同じ科の作物の連作は避ける

　同じ科の作物を連作すると、同じ忌地物質がたまったり、その科を好む病原菌や害虫が増えて障害が出やすくなったりします。とくにナス科やマメ科は要注意です。たとえば、エンドウの後にインゲン、またはエダマメ（共にマメ科）のリレーは避けます。ナス科のトマト、ピーマン、ナスは栽培時期が同じなので、これらとの直接リレーも禁物です。これ

湛水作物の栽培カレンダー

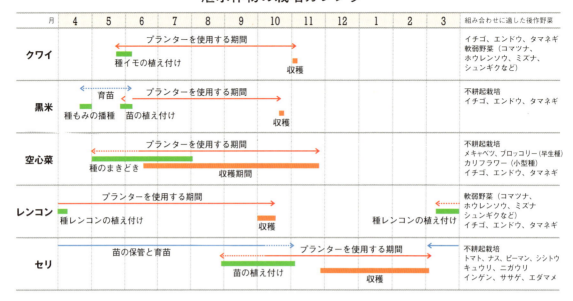

らとリレーする場合は、その間に湛水処理をするか、湛水作物を挟むことです。

❷ センチュウに侵されやすい作物は湛水作物にリレー

センチュウに侵されやすい作物は、イチゴ、トマト、ピーマン、キュウリ、インゲン、オクラ、キャベツ、ハクサイ、レタスなどです。

センチュウは1㎜ほどの肉眼では見えない虫ですが、市販の苗や種イモ、堆肥、腐葉土から侵入することがあるので要注意です。60℃以上の高温で発酵された堆肥や腐葉土には、発酵熱でセンチュウは死滅していますが、市販品の中には未熟なものや発酵が不十分で、センチュウなどが生きたままの欠陥商品もあります。プランター用土はこれらの土改材で簡単に土壌改良ができますが、天敵が少ないためか、持ち込まれると畑より好ましくない生きものが増殖しやすいのです。

センチュウに侵されやすい作物の後は、湛水処理するか、湛水作物とのリレー栽培が威力を発揮します。私は、イチゴは黒米に、トマトは湛水処理かセリに、キュウリはセリにリレーしています。

❸ コガネムシ害が出やすい作物の後は湛水処理

コガネムシの成虫は6～8月に飛来し、イチゴ、エダマメ、インゲン、ナガイモなどの葉を好んで食い荒らし、表土に卵を産み付けます。土中でふ化した幼虫が根を食い生育を阻害し、イモやダイコンなどの根菜の表面に傷を付けます。

コガネムシを寄せ付けないためには、未熟な堆肥や腐葉土の使用や、有機物のマルチングを避け、収穫した後は湛水処理するか、湛水作物にリレーするに限ります。イチゴ栽培では黒米にリレーし、育苗プランターは育苗が終わったら湛水処理して幼虫を死滅させます。幼虫は水攻めで表面にはい出てきます

作物の根に侵入して害を及ぼすセンチュウ

（原図：大野徹）

が、水死します。エダマメ、インゲン、ナガイモも葉をコガネムシに食われたら、卵を産み付けられている可能性が高いので、収穫完了後に湛水状態にして死滅させます。

❹ ネギ類は多くの作物とリレーしやすい

葉ネギや根深ネギ、タマネギ、ニンニクなどネギ科の野菜は、連作障害が出にくいので連作が可能で、病気にも強いです。とくに葉ネギは年間を通じていつでも栽培可能です。小型プランターやイチゴパックに九条ネギの種をまいて、本葉2～4枚くらいに育てておき、標準プランターが空いたときに移植して1～2ヵ月育てた小ネギは、薬味として利用でき重宝します。私はこの小ネギを苗として畑に植えて、小さな菜園の効率アップをしています。小苗収穫後のプランターは、土改材と肥料を入れて2週間くらいおくと、広範囲の作物にリレーできます。

タマネギは葉ネギと異なり、種まきや本植えの時期が極めて短いですが、プランターが空く冬場に栽培できるので、葉ネギ同様、いろいろな夏秋野菜にリレーできます。

⬆小型プランターにすじまきした葉ネギ。本葉が伸びて15cmくらいになったら標準プランターに移植する

⬆幼苗3本を1株にして、株間を約7cmにとり2条で植え、1～2ヵ月育てる。太さのそろった小ネギが、標準プランター1台で48本とれる。この小ネギを畑に植える

プランターの田んぼで庭の生態系に変化

黒米の栽培を始めてすぐに、庭の生態系に変化が現れました。ボウフラが湧いて以前よりも蚊が多くなったと思っていたら、シオカラトンボがやってきたのです。いつも秋口に赤トンボは飛来しますが、シオカラは初めてでした。プランターの周りを行ったり来たり、ときどき小さな空間を器用に飛びながら尻尾で水面をたたいています。水の臭いでやってきたのでしょうか。蚊がトンボを引き寄せたのかもしれません。ジャンジャン蚊を退治してくれればありがたい、と喜びました。

秋にはわが家でかつて見たことのないイナゴまで現れました。気が付いたときには、既に出穂間際の茎が食われていました。昔、イナゴ捕りをしたことを思い出しながら、害虫は害虫、と捕殺しました。しかし、どこから来たのでしょうか。プランター栽培のわずかなイネがこんなに影響するとは驚きでした。

黒米の収穫を終えたとき、プランターから逃げる小さなものがたくさん出てきました。よく見れば、大小さまざまなヤゴでした。久方ぶりに見るヤゴは愛おしく、1匹ずつセリのプランターに移し替えてやりました。

黒米輪作3年目になると、ボウフラの数は明らかに減ってきました。ヤゴやトンボが退治してくれたのでしょう。ヤゴのエサになるミジンコなど、子どものころ田んぼで見た覚えのある生きものも泳ぎ回るようになりました。田んぼの土など一切入れてはいないのに、本当に驚いています。

Part 1-5 根鉢を活かして不耕起栽培

黒米、セリ、空心菜の根鉢は崩れない

　湛水作物を栽培するようになって、困ったことが起こりました。黒米やセリ、空心菜の根鉢は根が強固にプランター全体に張り巡っていて、簡単には崩すことができないのです。それでも最初は、茎葉を刈り取る前に、プランターから根鉢を取り出し、十分に乾燥させ、土埃が立つなか、かなり力を入れて根と土を分離していました。分離をした土に、湛水処理後の再生土と同様に、堆肥や土改材、ぼかし肥を混ぜてから次作物を作付けしました。

プランター内全体に張り巡らされた根鉢

　なかなか崩れない根鉢を観察してみました。
　黒米の根は褐色で、表層の茎の各節から太い1次根が何本も縦に伸び、その1次根から細い2次根が土を抱え込むように八方に無数に伸びています。
　セリの根鉢も黒米と同様に太い根が垂直方向に伸び、そこからあらゆる方向に網目状にビッシリ細根が伸びています。根は白く、根の密度はプランターの上部より底部のほうが高くなっています。
　空心菜の根鉢はセリによく似ています。畑状態で育てると根の密度はプランターの底部のほうが高くなりますが、湛水状態ではプランター上部にも細根がよく伸びます。
　いずれの断面を見ても、太い1次根から細根が無数に四方八方に伸びていて、すべての土を抱え込むように張り巡っています。力を入れてもなかなか崩せないのは、この強固な根群のためです。

黒米の根鉢

⬆プランターから取り出した黒米の根鉢。上部がプランターの底部

⬆プランター底部の根。細根は土を抱え込んでいないので、フェルトのように細根が絡み合っている

⬅プランター側面部の根。鉛直方向に伸びた1次根から細根が伸び、びっしりと絡まっている

⬇黒米の株の中央をノコギリで切断し土を水で洗い流した断面。茎の各節から1次根が何本も伸び、1次根から細根が網目状にあらゆる方向に伸びて土を抱き込んでいる

セリの根鉢　　空心菜の根鉢

⬆収穫した後、プランターをひっくり返して取り出した根鉢（上方が底面）。太い根が垂直方向や斜め下方に伸び、そこから細い根が分岐し、不織布の繊維のようにあらゆる方向に伸長している

⬆収穫を終えた空心菜の根鉢

⬆根鉢側面。太い1次根から無数の細い根が張り巡る

⬆根鉢側面中央部。太い根が四方に伸び、そこから出た細根が絡み合っている

⬆根鉢上部の拡大写真。太い根から出た細根が真上に伸び、プランター上面をびっしりと覆っている

⬆根鉢の中央付近を包丁でカットし、表面の土を洗い流した断面。根鉢の内部も細根がびっしりと張り巡らされている

⬆根鉢の中央を包丁でカットし、切り口の土を流水で少し洗い流した断面。鉢全体に根がびっしりと張り巡らされている

←黒米後作に不耕起でまいたエンドウの発芽ぞろい。プランターの上面はデコボコで黒米の太い根が白く見える

やけくそでやった不耕起栽培が大成功

　私は、根鉢を苦労して崩して土を再生する大変な作業はもうご免だ、とさじを投げ、ダメもとで（今から思えば本当はやけくそ）不耕起栽培を行なってみました。黒米の根鉢をいったん抜いて、スノコをセットし、排水口の栓を抜き、根鉢を戻し、ヒコバエが生えないよう切り株を包丁でくり抜き、プランターの上面がデコボコのまま、エンドウの種をまいたり、イチゴの苗を植え付けてみました。

　ところが、結果は上々、エンドウの発芽はよくそろい、イチゴは甘く、おいしく仕上がりました。そのうえ土改材も必要ないので、省エネ、省資源栽培が可能となりました。

根穴構造が団粒構造の機能を発揮

　そんな折、雑誌「現代農業（1992年3月号）」に掲載された、佐藤照男氏の「不耕起はイネの根がつくる「根穴構造」を活かせる新農法」を見て、納得しました。佐藤氏はそのなかで、「イネの根は三次元的連続性を持った立体網構造で、腐朽して根穴となり、孔隙化したあとは、通気、通水路として働く。これは団粒構造の間隙とはまったく異なる構造でありながら同様な機能、つまり、"水はけが良く水もちも良い"という、相反する性質を同時に兼ね備えている。耕起などで土壌を練り返すとこの機能は破壊されてしまう。不耕起田の作土層は土壌硬度が大きく、緻密で硬いが、根の伸長発達が耕起田よりも良好で根株も太

い」と述べています。

　水はけと水もちが良い団粒構造にするために、堆肥や腐葉土を混ぜて耕すことが土作りの常識でした。また、未熟な有機物は作物の生育を妨げるので、黒米の収穫が終わったらすぐに必死になって根鉢を崩し、残根を取り除こうと手をつくしたのです。佐藤氏は、植物自身がすみやすい土壌環境をつくっているので、不耕起栽培ならその必要はないというのです。

　確かに黒米の収穫前に排水すると、すぐに抜け、しかも、湛水処理後の排水のような悪臭はありません。また、自然を見ていると、

水はけも水もちも良い団粒構造と根穴構造

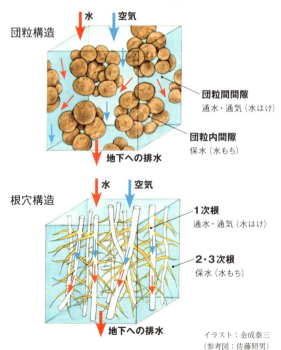

イラスト：金成泰三
（参考図：佐藤照男）

春から繁茂した春草が、耕されることなく、いつの間にか夏草に入れ替わります。春草の根がまだ腐熟しないうちに、夏草が発芽して根を伸ばしているのです。

こんなことから推測すると、生の有機物でも根ならば土中にあっても、次の根の生育に特段の悪い影響を与えないようです。根の周りには根と共生している善玉の微生物が多く、根が枯死すると、これらの微生物が速やかに古根を分解したり、新しい根と共生してくれるからでしょう。

前作の根を枯死させてから次作を作付け

前作の根があっても影響がないかどうか、くり抜いた黒米の切り株にコマツナをまいてみました。その結果、収穫直後の切り株にまいたものは発芽率が20〜30％と低かったですが、その2週間後にまいたものは100％でした。この結果から、黒米の根が生きているときは、他の植物の生育を抑制するが、死滅後2週間ぐらいで、まだ腐熟する前にその作用はなくなることがわかりました。

不耕起栽培では、次作のために前作の息の根を速やかにとめ、その2週間後を目安に次作を作付けすることが重要です。

黒米の収穫後切り株をそのまま残しておくと、根がまだ生きているので、しつこく「ヒコバエ」が伸びてきます。次作のために、黒米を収穫すると同時に、株元を円錐形にくり抜いて除去することがポイントです。セリの最終収穫では、新芽が再び伸びないように、根際から切り取ります。空心菜も収穫終了後に根際から切り、根を枯死させてから次作を植え付けます。

野菜の後作も不耕起で

根鉢が団粒構造の役目をし、生育にも障害がないことを確認してからは、根量が多く根鉢をしっかりつくる黒米、セリ、空心菜だけでなく、タマネギやエンドウ、イチゴなどの畑作物の後作も不耕起でスタートすることにしました。ただし、6〜8月に栽培したキュウリやブロッコリー、インゲンなどの用土には害虫が入りやすいので、収穫後、湛水処理するか湛水作物を栽培することにしています。

不耕起栽培では堆肥や腐葉土は無用

不耕起栽培では、作付け前に堆肥や腐葉土、苦土石灰、ぼかし肥などを用土全体に混合することはできません。根鉢が団粒構造の役目をしてくれるので、団粒構造をつくるための堆肥やピートモス、バーミキュライト、モミ

⬆黒米の収穫後、必ず切り株をくり抜き、ヒコバエの発生を防ぐ

➡黒米の収穫後、くり抜いた切り株をひっくり返し、イチゴパックに入れ、コマツナの種の播種日を変えて発芽試験をした。10粒をビッシリ張っている根の間にピンセットで押し込み、散水し、20℃前後の居間に置いて発芽率を調べた。収穫直後にまいたものは発芽率20〜30％だったが、切除2週間後にまいたものは、3日後に50％、4日後に100％発芽した（写真は5日目）

ガラくん炭などは必要ないのです。

アピオス⇨セリの輪作では、セリの後は不耕起でセリの根鉢を活かし、アピオスの収穫の際は、根鉢を崩します。その際に、前作のセリの根を見ると、白いセリの根はアピオス栽培中に褐色に変化し

⬆収穫終了直後のセリの根鉢

⬆セリの後、不耕起で栽培したアピオス収穫時の根鉢。セリの根は腐熟して、用土は褐色の軟らかな団粒構造に変化

て分解し、少しの力で根鉢はバラバラに崩れ、その土はピートモスをたくさん加えたときの感触に似ています。

不耕起栽培では、堆肥を入れなくとも、前作の根鉢が腐植となり団粒構造と同様な効果が得られるようです。

基肥と苦土石灰を表層に混ぜてスタート

不耕起栽培の場合、苗を植え付ける2週間前までに、基肥のぼかし肥と苦土石灰を、表面にまき、レーキなどでかき混ぜ、表層2～3cmに施します。水やりごとに成分が溶け出して、下層まで浸透していきます。そして、生育に合わせて液肥で追肥すれば、不耕起でも施肥はまったく問題ありません。

ただし、キュウリや空心菜、エンドウ、ササゲなど、不耕起の根鉢に直まきする場合は、基肥は発芽後に、株周りをさけて施します。発芽する際には肥料分がないほうが発芽が良く、多いと新根が肥料焼けしやすいからです。

クワイ・レンコンは収穫時に根鉢が崩れる

クワイとレンコンを収穫する際には、根鉢を壊さなければならないので、根鉢を活かした不耕起栽培はできません。それに、これらの根鉢は比較的根量が少なく、崩すのに特段の力はいりません。自然とは本当によくしたものだとつくづく思います。とくに太い根は比較的簡単に土から離すことができ、取り除くことができます。

残った土には細根が含まれていますが、そこに湛水処理後の再生土のように、堆肥、肥料、土改材を混合し、2週間くらい寝かせてから次作を作付けします。

⬅黒米収穫後に苦土石灰とぼかし肥をまき、表層2～3cmの土にかき混ぜ、イチゴ苗を植える

クワイの根鉢

⬆クワイの根鉢。イモは根鉢の内側にもあるので、イモを収穫すると根鉢は崩れてしまう。イモと太い茎は比較的簡単に取り出すことができる

⬇クワイの付いていた茎(右下)と土を抱き込んでいない太根(右上)を取り出す。細根の混じった黒い土(左)に肥料と土改材を混合して再生させる

⬆垂直から少し斜め下方に伸びた根から細根が四方に網の目のように伸び絡み合っている。根鉢内部では細根が土の中に入り込んで複雑に絡み合っているので、簡単には細根を分離できない

レンコンの根鉢

⬆レンコンの根鉢。プランターの底に肥大したレンコンが偏在しているので、簡単に収穫できる

⬆クワイのように細根が張り巡っているが、強度は弱い

➡根鉢から、底部の地下茎とレンコンを取り出す。クワイより根鉢を崩さないで収穫できるが、崩壊しやすい。細根の混じった黒い土(左)に肥料と土改材を混合して再生する

Part 1 - 6 肥料の作り方、施し方

湛水処理後、湛水作物後の土は箱入り娘

　プランターの土壌環境は、畑に比べ、狭く仕切られた人工的に作られたものです。人が良かれと施す堆肥や腐葉土、あるいは肥料に、畑土以上に敏感に反応し、それが良いほうに働くこともあれば、思わしくない結果を招くことにもなります。

　以前、黒米の後、不耕起でイチゴの植え付け前に、高品質をうたう高価な腐葉土を2ℓくらい、表層にすき込んでみました。どちらかといえば、腐葉土でマルチングをしたような状態でした。期待に応えるかのように、イチゴは、少なくとも4月の中旬までは順調に育ちました。しかし、実が大きくなり始めるころから、葉の色つやが悪くなり、下の葉が枯れ始めました。イチゴ栽培を終え、黒米の準備のため湛水すると、この高価な腐葉土を使ったプランターの表面に1～2cmくらいのイトミミズのような物体がウジャウジャと浮遊してきました。高価な腐葉土にこれが紛れていたのです。

　田の状態から畑の状態に転換するときは、微生物群が最も不安定なタイミングです。この転換時に投入する資材に悪者が混入していると、それが一気に増殖する危険をはらんでいるのです。

　腐葉土や堆肥は十分に吟味し、とくに湛水処理後に混合するものは注意が必要です。根鉢を活かす不耕起栽培で、ぼかし肥を使用する場合、腐葉土や堆肥は無用です。また、湛水作物の黒米、セリ、空心菜、レンコン、クワイにも与えません。湛水すると未熟有機物が腐敗発酵して障害を招くからです。

基肥は手作りぼかし肥

　湛水処理後の用土の再生時に、また湛水作物後、不耕起栽培の植え付け2週間前までに施す基肥は、ぼかし肥です。ぼかし肥は、有機質肥料（油粕、米ぬか、魚かすなど）を主体に配合し、納豆菌やこうじ菌、乳酸菌、酵母菌などの畑の状態を好む善玉微生物がそれらをエサにして繁殖した菌体肥料です。

　湛水後は悪玉微生物だけでなく、これらの善玉微生物も少なくなっています。湛水状態から畑状態に戻すタイミングにぼかし肥を入れると、善玉菌が優勢の用土になるのです。有機質肥料を発酵したぼかし肥は、肥料分が作物も吸収しやすい形になっています。

　標準プランター栽培では、1台1作当たり70～150gのぼかし肥を使います。20台のプランターを年2作する場合でも、年間4～5kgあれば十分です。このくらいの量なら、身近にある発泡スチロール製のトロ箱1個で手軽にできます。湛水処理後にはぼかし肥の使用をおすすめしますが、ないときは、次善の策として、完熟堆肥0.5ℓに高度化成肥料20gを混合し代用します。

ぼかし肥の作り方

　作り方のポイントは作る時期と水分調整です。作りやすい時期は春分と秋分の後の1ヵ月間くらいです。寒すぎると発酵温度を確保しにくく、逆に夏場は雑菌が繁殖したり、湿度が高いので完成後乾きにくいのです。

　水分調整とは、原料の水分調整です。水分が少ないと発酵が始まらず、多すぎると酸素不足で腐敗（異常発酵）してしまいます。この適正水分量を判断するコツさえつかめば、後はとくにむずかしいことはありません。

発泡スチロール製のトロ箱を用いた
ぼかし肥の作り方

準備するもの

発泡スチロール製のトロ箱（約60×40×20cm）

原料…米ぬか2kg、油かす3kg、魚かす1kg

発酵補助剤…コーラン（香欄産業株式会社製）300～500g、または前回作ったぼかし肥500g（いずれもない場合はなくてもよい）

水…1日前にくみ置きした水道水、約3ℓ（少し多め）

作り方の手順

❶ 原料と発酵補助剤を計量し トロ箱に入れ混合する

　米ぬかには撥水性があり、水を均一に加えるのに手間がかかりますが、原料を混合しておくと、水分の分散、浸透性がよくなり、重要な水分調整作業が楽になります。

⬆発泡スチロール製のトロ箱に、原料を計量して入れる。油かす3kg（右上）、魚かす1kg（右下）、米ぬか2kg（左下）、コーラン500g（左上）。これを予め混合してから、水分調整をする

❷ 少しずつ水を加え撹拌し水分調整

　水の量は原料の乾き具合によって変わりますが、一般的には1.5～2.5ℓくらいです。まず水を撹拌しながら加え、水分を全体に均一にします。1.5ℓをすぎたら、適正水分かどうかを見ながら調整します。混合した材料を片手でギュッと握ってから手を開いたとき、塊が手のひらの上で固まっていて、もう一方の手の先で塊に軽く触れると塊が2～3個に崩れる——これが適正な水分サインです。握っていた手を開いたときに塊が崩れるときは水分不足です。もう少し水を足して撹拌し、再度チェックします。

　逆に、手のひらの上の塊が指先で押しても崩れないときは、水分の入りすぎです。水を除くのは困難で、新しい原料を加えるほかありません。

⬆手のひらで握って開くと塊ができ崩れない。
　崩れるときは水分不足

⬆塊をちょっと指先で突っつくと崩れる。
　崩れないときは水分過剰

❸ 目の細かいネットで覆う

　水分調整が終わったら、混合物の表面をならし、水蒸気が通り、小さな虫が入らない目の細かいネット（目の細かいレースのカーテン生地など）でトロ箱の上面を覆い、裾を縛って固定します。こうしておけば、ハエなどが侵入せず、うじ虫が湧くことはありません。

⬆目の細かいレースのカーテン生地をトロ箱にかぶせ、ヒモで固定する

❹ 軒先など、雨水の入らない通風の良い場所に置く

　トロ箱は、雨水の入らない、しかも風通しの良い、たとえば軒下などに置いて発酵させます。夏場以外は、発酵が始まるまで、発泡スチロール板でフタをして保温すると発酵開始が早まります。ただし、発酵が始まったら忘れずに、フタをはずすか、フタをずらして、空気の流入と水蒸気の逃げ道を作ります。

⬆発泡スチロール板でフタをし、風通しのよい軒下に設置したトロ箱

❺ 発熱開始後2～3日おきに3回撹拌

　春や秋であれば2～3日で発熱し始めます。発泡スチロールのフタを少しずらして隙間を作り、発生する水蒸気を逃がします。そのまま放置してもよいのですが、水分ムラができたりするとぼかし肥が塊状に固まり、細かくするのに手がかかります。発熱を開始したら、2～3日おきに3回、塊がないように撹拌すると、サラサラで扱いやすい粉状のぼかし肥に仕上がります。ゴム引き手袋などを着用し、やけどをしないように注意すること。

⬆発酵前（色は褐色）

⬆発酵後（色が灰色に変化）

❻ 発熱しなくなったらさらに乾かしてから保管

　発熱開始後約2週間すると、水分も少なくなって発熱しなくなります。褐色だった原料が灰色に変わり、ぼかし肥が完成します。保管するときは、さらに2週間ぐらいそのまま放置して乾燥させ、発酵菌を休眠させます。天気の良い日が2～3日続いた後、ポリ袋に小分けして、冷暗所に保管しておけば、いつでも使用できます。

追肥は液肥か化成肥料で

　プランター栽培では、水やりと追肥が必須です。用土が保持できる水分量や肥料分が少ないからです。

　追肥は、ぼかし肥ではなく、肥効がすぐに現れる化学肥料のほうが適しています。固形の化学肥料も利用できますが、根を傷めずに適量を適切に施すことが非常にむずかしいのです。固形肥料が直接根に触れると、根は肥料焼けを起こし壊死してしまいます。追肥は根の先端より少し離れたところに施すことが原則ですが、プランター栽培では、すでに根がプランターの隅々まで張り巡らされているので、むずかしいのです。

　1回に追肥する化成肥料（15-15-15）の量の目安は、1台の標準プランターに5g以下が目安です。肥料成分がジワジワ溶け出す緩効性肥料を適切に使えば、肥料焼けは防止できますが、ぼかし肥と同様に用土の温度や水分量で肥効が変わってくるので、使いこなすには相当経験が必要です。

　その点、液肥は希釈倍率さえ間違えなければ、根に害を与えることはなく、誰でも安心して使用できます。適切な量の液肥を、必要なときに水やり代わりに与えればよいので、そんなに厄介ではありません。

安い高度化成肥料を溶かして液肥に

　市販の液肥でも良いですが、お値段が高い。私は粒状の高度化成肥料を1000倍に薄めて使っています。1000倍に希釈すれば、肥料焼けする心配はありません。1000倍液肥を必要なときに、1〜2週間おきに、標準プランター1台に1〜2ℓが量の目安です。

　高度化成肥料は、「14-14-14」か「15-15-15」の値段が安い肥料を選びます。同じ成分でも高い肥料には、おおかた、緩効性の肥料が入っているので、かえって水に溶けにくい

ジョウゴ

ペットボトル

小さじ1杯5g

調理用計量スプーン

からです。安い肥料のほうが水に溶けやすいです。

　一般的には、10倍に希釈した原液を多めに作っておき、使うたびに100倍に薄めて、1000倍液肥にして使います。私はジョウロを使って液肥を施しているので、このジョウロの容量に合わせて原液を作っています。使うたびに計量するのが面倒だからです。

　5ℓのジョウロであれば、1回分5gの高度化成肥料を、300〜700mlくらいの容量の空きペットボトルに入れます。この原液の希釈倍率は適当で良いので、ペットボトルに200mlぐらい水を入れ、そのまま半日も放置すれば高度化成は溶けてバラバラになります。

　使うときは、ペットボトルを2〜3回振ってから、不溶解物も含め全量をジョウロに移し入れ、5ℓのジョウロに水を満杯にすれば1000倍希釈の液肥になります。不溶解物にも肥料成分が含まれるので、5ℓのジョウロのハス口をはずして施します。

　原液を作る際に、写真のような計量用スプーンやペットボトルに高度化成肥料を入れるときジョウゴがあると便利です。空きペットボトルをたくさん集め、時間のあるときに、手持ちのジョウロに見合った原液を何本も作っておけば重宝します。

プランター簡易トンネルの作り方

標準プランターのサイズにぴったりの被覆トンネル支柱を作り、防虫ネットや寒冷紗、ポリフィルムシートで被覆すれば、プランター栽培で、防虫や防暑、保温が手軽にできます。

①**プランタートンネル支柱**

針金を100cmの長さに切り、図のように標準プランターのサイズに合わせて曲げると、トンネル支柱ができます。私はランドリーから戻った洗濯物に付いてくる針金製ハンガーを再利用しています。針金製ハンガーをまっすぐにすると約1mになります。

このトンネル支柱を3本、プランターの長辺の両側に差し込みます。

②**トンネルカバー**

透明か半透明の90ℓのごみ袋（90×100cm）を半分に切ると、標準プランターの保温カバーが2枚できます。

まず、底部は袋状になっていますが、開いた口部はホチキスで留め袋状にします。少し穴が開いていてもまったく問題ないので、およそ10cmくらいの間隔でとめれば十分です。

次に4角を約3×10cm切り取って、換気孔を作ります。そして中央をカットすれば2枚の保温カバーができます。

このカバーを閉じた袋の底部が、トンネルの上になるよう、換気孔部がプランターの長辺方向の両脇に位置するようにかぶせます。下部をヒモで縛れば保温ハウスの完成です。天気の良い日中は換気孔を開き、夜間は洗濯バサミで孔をふさぎ、温度管理を励行します。

防虫ネットをこのサイズにカットして同様に作れば、防虫トンネルカバーができます。

⬆針金で作ったトンネル用フレームをセットしたプランター

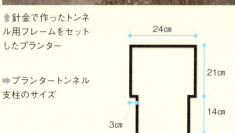

➡プランタートンネル支柱のサイズ

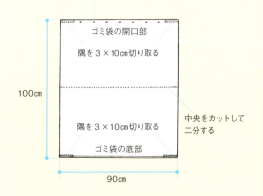

⬆90ℓのごみ袋（90×100cm）を図のように加工して、2枚の保温用カバーを作る

⬆日中は換気孔を開けて換気

⬆夜間は換気孔を内側に折り曲げ洗濯バサミで閉じ、保温

Part 2

1 黒米（イネ）⇨イチゴ

黒米⇨イチゴ 栽培カレンダー

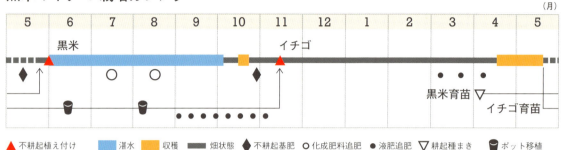

▲不耕起植え付け ■湛水 ■収穫 ■畑状態 ◆不耕起基肥 ○化成肥料追肥 ●液肥追肥 ▽耕起種まき ■ポット移植

　イチゴは、土壌病害の萎黄病（いおう）や、ネグサレセンチュウやコガネムシの幼虫にしばしば根を侵されます。そこで、イチゴの収穫が終わる5月中旬に、水をためて4月上旬まいたイネの苗を植え付けます。湛水することによって、これらの土壌中の病原菌や害虫が死滅します。イネの収穫後、11月中旬までには、5月末から育ててきたイチゴ苗を、不耕起で定植します。

　イネを作らなくとも、1ヵ月間くらいプランターに水をためて湛水処理をすると同様の効果でイチゴを連作できますが、イチゴとイネの栽培時期がちょうどタイミングよくつながり、プランターをフルに活用できます。

　イネもイチゴも収穫後、かなり強固な根鉢となるので、根鉢を崩さずにぼかし肥をまき、上面2～3cmの土と混合するだけで次作物を定植します。イチゴは畑で露地栽培するよりもプランター栽培のほうが、水や肥料のコントロールがしやすいためか、甘くておいしい果実になります。

　イネにはいろいろな品種がありますが、黒米をおすすめします。標準プランター1台で収穫できるお米はお茶わん1杯分くらいです。ふつうのお米なら1～2回分にしかなりません。黒米なら、小さじ1杯をふつうの白米1合に混ぜて炊くと赤飯のように仕上がり、何度も味わうことができます。アントシアニンがたくさん含まれた黒米は、いま脚光を浴びているアンチエイジング（老化防止）食材です。

　イネの後作にはイチゴのほかに、タマネギやエンドウ、シュンギク、ホウレンソウなども適しています。エンドウの後作も同様の不耕起栽培ができます。

⬆白米1合に黒米を小さじ1杯混ぜて炊いたご飯

⬅収穫した黒米

黒米の栽培

1 苗作り

黒米の種は食用の玄米で

4月上旬に種まきをします。種はイネの種を扱っている種屋さんから購入することができますが、自然食品などのお店で食用の黒米（玄米）を購入し、これを種にすることができます。モミガラをとった玄米でもチャンと発芽してくれます。2年目からは、収穫した籾をプランター1台当たり10粒ほどを種用に取り置きします。

↑左は玄米から、右は籾から発芽した状態。発芽までの期間は玄米のほうが少しだけ短い

育苗床の準備

育苗容器は、容量が1～2ℓくらいの小型プランターか5、6号サイズの植木鉢、あるいは少量の苗づくりであれば、イチゴや豆腐のプラスチック容器を活用できます。プラスチック容器の下部に排水用の穴を数ヵ所開けておきます。古い竹串や割り箸の先端に火をつけた後いったん炎を消し、熱いうちに押し当てると簡単に穴を開けることができます。

育苗用土は市販の培養土、あるいは鹿沼土と腐葉土を2：1の割合で混合して作ります。

種の消毒

種には病原菌が付着していることが多いので、消毒をしたほうが安心です。種子消毒用の農薬もありますが、手軽にできる温湯浸法（おんとうしんぽう）がおすすめです。種まきの直前に、厚手の大きな湯のみ茶わんにお湯を入れて、温度計が60℃に下がったところで、黒米の種を10分間浸けるだけです。ただしこの温度と時間を厳守しないと、温度が高すぎたり長く浸けると種が死に、逆に低ければ殺菌効果がありません。

種まき

育苗床に1cm間隔で種をまき、数mm覆土して、散水します。水稲だからといっても種まき後から3枚目の葉が出るまでは結構水に弱いので、湛水せずに、野菜の苗と同様に加湿にならないように水やりをします。湛水状態だと発芽が悪く、加湿になると立ち枯れを起こすので注意すること。

暖かい居間か軒下に置いて発芽を待ちます。居間の温度であれば発芽まで5～7日、軒下では10～12日かかります。

↑イチゴパックで育てた黒米苗、用土は鹿沼土と腐葉土を2：1で混合

2 田植え

プランターの準備

最初の年 イネはあまり土質を選ばないので、用土は畑の土、庭の土、またほかの作物を育てた廃土でもかまいません。市販用土なら、野菜用の培養土に赤玉土（小粒）を30～50％混ぜて使用します。5月上旬、標準プランターのスノコをはずし排水口をふさぎ、プランターにその容量の8割くらいの土を入れます。

用土を入れたら基肥を施します。肥料の残留分の多い、たとえばハクサイやエンドウの栽培後の土なら、ぼかし肥を標準プランターに60～70gを、肥料成分がほとんど含まれない土なら100gくらいを、全面に散布して表面の土と混合します。

水を入れる前に、プランターが夏の高温で歪まないように中央をヒモで縛ります。水が入ると土が沈んで容量が7割くらいになります。

2年目から イチゴの収穫後の不耕起栽培になります。まずイチゴの株をつかんで引っ張り、プランターから根鉢を取り出します。根が回り込んで根鉢と一体になっているスノコをはずし、プランターの排水口の内側にネットのフィルターを挟んで、根鉢を戻し入れます。それから、イチゴの地上部をハサミや包丁でカットして取り除きます。次に外側から排水口に栓をします。

ぼかし肥100gを全体にばらまいて、表土2～3cmと混合し、土の表面が隠れるまで水を注入します。その後1週間ぐらいおいてから黒米の苗を植え付けます。

田植え…標準プランターに2株

4葉に育った苗を、できるだけ根を切らないように容器から取り出します（イネは新しい根がすぐに伸びてくるので、少しくらい切れてもかまわない）。水を張ったバケツの中に育苗容器を浸けて、揺り動かすと簡単に根の絡みが解けます。苗2、3本を1株として1ヵ所に、根元が2～3cm土の中に入るよう垂直に植えます。プランター1台に2株、30cmの間隔を開けて植えます。田植え後、保温のためにやや深めに水を入れます。4葉の苗は草丈10cm以上になっているので、苗の葉が全部水中に埋没することはありませんが、葉は空気中の酸素を吸って根に送っているので、葉の全部が水に浸かると苗は窒息死する心配があります。もし深い容器で栽培する場合は注意すること。

新根が伸びて活着したら、水位を2～3cmに保つように、水位が下がったら水を追加します。

↑イチゴの収穫後の根鉢。根がびっしり張り崩れない。2年目からはこの根鉢のまま、黒米を不耕起で植える

↑田植え直後のプランター

↑ 6月中旬、分けつを開始し、葉が扇状に展開

3 出穂までの観察と手入れ

葉色が淡くなったら尿素を追肥

　活着すると葉色が濃い緑色になってきて新しい葉が伸びてきます。順調に育ち6枚目の新葉が伸びてくるころに、4枚目の葉の分かれ目から分けつの葉が出てきて、やがて親茎と分かれて1株の本数が増えてきます。それからは親茎に新葉が出るとその葉の2枚下の葉から分けつがつぎつぎと伸び、扇状に展開します。

　葉色が淡緑色に淡くなったときは、肥料分が足りないので早めに追肥をする必要があります。尿素を2gくらい施します。

　また、ぶくぶくと泡が湧き、葉色が淡くなり元気がなくなったときは、未熟有機物が多すぎて根が障害を受けている証拠です。栓を抜いて数日間水やりを中止して、土中に空気を送ってやります。

湛水状態を続ける

　水は障害のない限り2〜3cmの湛水状態を続けます。分けつして本数が多くなり葉数が増えるにつれ、吸水量が増えてきます。夏の日差しが強くなると水やりは朝晩必要になります。とくに風の強い日は水がすぐになくなるので注意のこと。土を乾かすことは禁物です。

↑ 7月中旬、分けつした茎が立ち上がり、葉色が淡くなる

◀8月上旬、出穂し始めた奥の早生の黒米とまだ穂が出ていない手前の晩生の黒米

7月中旬に追肥（穂肥）

　イネは、出穂の約1ヵ月前から地際の生長点に穂のもとができ、葉の鞘（さや）の中で大きくなります。このころから葉色が淡くなってきます。7月に入ると分けつして本数が多くなり、葉が立って伸びてきます。出穂が8月上～中旬の早生（わせ）の品種であれば7月中旬に、出穂が8月下旬から9月上中旬の晩生（おくて）種は7月末に、小さじ山盛り1杯（5g）の高度化成肥料(15-15-15)をパラパラと全体にまきます。この追肥を穂肥（ほごえ）といいます。

▶4　出穂から収穫までの手入れ

出穂後に実肥を追肥

　イネの出穂日は、品種によって、また同じ品種でも北国ほど早く南国ほど遅くなります。関東の場合、早生種は8月初旬から中旬、晩生種は9月初旬から中旬に、いちばん上の葉の分かれ目の下が膨らみ、穂が出てきます。最初の穂が出た日から、約45日後が収穫日となるので、記録しておきます。穂が出そろうのに1週間ぐらいかかります。

　穂が出そろうころから再び葉色が濃くなってきます。濃くならないようなときは、高度化成肥料を小さじすり切り1杯（2.5g）与えます。この追肥を実肥（みごえ）と言います。

防鳥ネットを張ってスズメ対策

　穂が出て数日後に籾（もみ）の殻が開き、花が咲きます。花は小さいので注意深く観察しないとわかりません。穂は最初は真上を向いていますが、実が入ってくると垂れてきます。このころからスズメに狙われるので防鳥ネット（「ふわっと蝶鳥」など）を、支柱を立て、プランターの下まで隙間がないようにかぶせます。

⬆イネの開花

⬆出穂後に防鳥ネットをかぶせた収穫前の黒米

⬇収穫前の黒米

5 収穫ともみすり

**根鉢を取り出し
スノコをセットしてから稲刈り**

　出穂後45日経過した晴れた日に稲刈りをします。その3日前から水やりをやめ、排水口の栓をはずして土を乾かしておきます。イネを根際から刈り取ってしまうと、イネの根鉢を持つところがなくなり、根鉢がなかなか引き抜けなくなります。そこでまず、イネを刈り取る前に稲株をつかんで持ち上げて取り出します。こうすれば簡単に根鉢がプランターからはずれます。そして後作のイチゴのためにスノコを定位置にセットします。その上にいったん取りだした根鉢を崩すことなくそのままの形でのせ、稲刈りをします。

　次ページの写真はプランターから取り出した根鉢です。プランターの内面に沿って土をビッシリ覆うように根が張りめぐらされています。手で簡単に崩せません。

収穫

① 稲株を持ち上げて根鉢を抜く

② プランターから引き抜いた黒米の根鉢

③ スノコをセット

④ 再び根鉢を入れて稲刈り

7〜10日間、はせがけして乾燥

　刈り取ったイネはすぐ、根に近い部分をヒモで縛って、穂が下になるよう物干しざおなどに掛け、軒下などの雨の当たらない、風通しの良い場所で1週間から10日くらい干します。干しすぎると過乾燥で玄米がひび割れて味が落ちてしまうので注意してください。

　乾燥したら穂の部分をハサミで切り取ります。ワラはイチゴのマルチング材など、いろいろ使えるので乾燥した状態で保管します。

櫛や割り箸で脱穀（穂から籾をはずす）

　櫛、または割り箸を使って稲穂から籾をはずします。穂の茎を櫛目、または割り箸の割れ目に挟んで、茎を引っ張ると籾がポロポロとはずれます。収穫した籾は室内の乾燥した場所に広げてさらに干したほうが良いでしょう。

⬅ 物干しにつるして乾燥

⬆ 櫛の目に穂の軸を入れ、引っ張ると籾がはずれる

⬆ 水切りボウルに入れ、軟式ボールをこすりつけて脱穀

籾すり（籾の殻をはずす）

　すり鉢、またはプラスチック製の水切りボウルにひとつかみの籾を入れ、軟式ボールで籾を押さえながらこすりつけます。こうするとモミガラがむけ、黒色の玄米が出てきます。黒米はこの玄米の表層（米ぬか部分）だけが黒色です。精米せずに、この玄米を食用にします。

風選

　できたモミガラと玄米の混合物を、風を利用して軽いモミガラを吹き飛ばして、玄米だけを選別します。木枯らしが吹いたときなどがチャンスです。玄米とモミガラの混合物を高いところから少しずつ落とすと、軽い殻やごみが風で飛ばされ重い玄米が真下に落ちます。そこに容器を置いて玄米をキャッチします。

　扇風機を回しその前で同様に行なったり、うちわであおいで同様に選別する方法もあります。

　選別した黒米は、インスタントコーヒーの空きビンなどに入れて保存します。

➡ 選別した黒米はビンに入れて冷蔵庫で保存

後作のエンドウでわかった根粒菌の働き

➡ エンドウの根についたピンクの根粒。エンドウの収穫を終え、根鉢を中央で切断した断面。ダイズやインゲンの根粒は球形で褐色であるが、エンドウの根粒は俵型で少しピンクを帯びている

　イチゴとエンドウとタマネギの栽培後プランターに、黒米を不耕起で、同一の基肥を入れて栽培してみました。最初はほとんど生育に違いはありませんでしたが、出穂の少し前に違いが出ました。エンドウの後作の黒米は葉色が濃く保たれていましたが、イチゴやタマネギの後作は色が淡くなり、追肥が必要になりました。

　マメ科植物の根につく根粒菌は、空気中のチッソを固定して地力がアップすると、知識としては知っていましたが、初めは半信半疑でした。しかし、その後も、エンドウの後作の黒米は、毎年このような肥効が現れるので、根粒菌の効果によるものと確信しました。

イチゴの栽培

1 黒米収穫後のプランターの調整

スノコを入れ栓を抜き、イネの切り株を切り取る

前作のイネを刈り取る前に、スノコのセットや排水口の栓抜きをしていない場合は、ポリシートなどの上でプランターをひっくり返し、根鉢をいったん取り出して、スノコをセットし栓を抜きます。そして再びスノコの上に根鉢を崩すことなく戻し入れます。

黒米の根はまだ生きていてヒコバエが伸びてくるので、生長点のある切り株を包丁、ショベルなどを根元に沿って斜めに差し込み、株を一周して切り、砲弾型に切り取ります。除去した根元は乾燥し、余分の土を払いのければ、マルチング材として活用することができます。

不耕起

① スノコをセットした黒米収穫後のプランター

② 包丁を切り株に差し込み、株の周りを一周し、根元を切り離す

③ 稲株を切り取り終わったプランター

正月に飾るヒコバエ

イチゴの定植前に切り取ったイネの切り株を、小さなポットに植えて、室内の明るいところで育ててみました。しばらくするとヒコバエが何本も伸びてきて、草ものミニ盆栽のような風情になりました。正月に飾ると一足早い新春の息吹となりました。

➡ 切り取った切り株からヒコバエを育てたミニ盆栽

表層に肥料を施す

　黒米収穫後の微生物が少なくなった土は、水を抜くと田から畑の状態になり、好気性の微生物が繁殖してきます。悪玉の微生物が入り込まないように、できるだけ早く、定植の1週間以上前にぼかし肥を施し、善玉の微生物が優位となるようにします。使用するショベルなどの器具はよく洗い、悪玉菌の侵入を防ぎます。

　まず、苦土石灰30gをプランターの全面にばらまいて、表土2～3㎝と混ぜます。黒米の根は表面にも張っているので、小型のレーキか三角ホーで表土を引っかきながら混合します。

　次にぼかし肥100gをまいて、表土2～3㎝と混合し、土が乾いていれば軽く散水します。その後も土の表面が乾かない程度に水を与えます。

基肥

❶ 苦土石灰30gをプランターの全面にばらまく

❷ レーキで表土2～3㎝と混ぜる

❸ ぼかし肥100gをまく

❹ レーキなどで表土2～3㎝と混合する

❺ 土が乾いていれば軽く散水する

2 苗の入手と定植

品種は「宝幸早生」など露地栽培用品種を

　イチゴの品種は、年内から収穫するハウス栽培用品種ではなく、春に収穫する露地栽培用品種を選びます。おすすめは「宝交早生」です。古くから栽培されていて無農薬でも作りやすいからです。果実はやや小ぶりですが、甘みが強く酸味が少ないです。少し柔らかく傷がつきやすいので果実は市場に出回らなくなっていますが、苗は家庭菜園向けに売られています。最近育成された「カレンベリー」などの露地栽培に適した品種も市販されていますので、これらでもOKです。

初年は苗を購入

　最初は苗を購入しますが、次年度からは、収穫後の株を親株にして苗を育てます（40〜42ページ）。苗は10月中旬から11月上旬にかけて種苗店、または通信販売で入手します。病気のない健全な苗を選ぶことが肝心です。クラウン部の直径が7㎜〜1㎝くらいと太く、根が白く、きれいな緑の新葉が左右対称に展開しているポット苗を選びます。新葉

⬆移植適期のポット苗を1台のプランターに3株用意する

定植

① 株間を20㎝とって移植位置を決め、シャベルでイチゴの苗がちょうど入る大きさの穴を開ける

② ポット苗をランナー（矢印）をプランター長辺側に向けて植え穴に入れ、ポット表土とプランターの表土が水平になるよう穴の深さや大きさを調整する

③ ポットから抜き取り、ランナー方向を確認し植え穴に植える

が黄化して萎縮していたり、根が黒褐色になっている苗は、イチゴの大敵である萎黄病にかかっている証拠なので禁物です。

向きをそろえ、浅植えする

　ぼかし肥を入れて1週間以上経ってから苗を植え付けます。標準プランターには、株間を20cmとって3株植えます。移植位置を決め、シャベルでイチゴの苗がちょうど入る大きさの穴を開け、苗の根鉢を崩さないようにポットから取り出し、丁寧に植え穴に移します。このとき、苗を植える「向き」と「深さ」が極めて重要です。

　市販のポット苗には親株側のランナー（ほふく茎）がついています。イチゴの果実は必ずこの親株ランナーの反対方向にできるので、これを植え付けの目印に、ランナーがプランターの長辺側と直角になるよう、かつ3株とも同じ方向に植え付けます。こうするとその後の管理と収穫作業が楽になります。

　植え付けの深さは深植えは禁物です。苗の葉柄の基部（クラウン部）が土で隠れないことがポイントです。ポット苗の表土とプランターの表土が水平になるように植え付けます。

3　冬季の管理

11月末までは生長期

　11月末までは生長が続き、新しい葉を展開します。日当たりの良い場所で、水やりを忘れないように育てます。脇芽が伸びてきたり、ときにはランナーも出てきますが、これらは早めに摘み取ります。

12月から翌年2月末までの管理

　寒くなる12月からは、イチゴは生長しなくなり休眠に入ります。この間は冬の寒さにさらすことが重要です。寒さに当たると葉はロゼット状になり、外葉から枯れ込み、緑の葉は中心の3、4枚となりますが、かわいそ

⬆厳寒期の姿、枯れ葉が株元を保護している

⬆2月末、枯れ葉を取り除き、新葉の発生を促す

うだと暖かい場所に移動してはいけません。寒さに十分当たらないとりっぱな花芽がつかないからです。休眠中とはいえ水分は必要です。プランターの土が乾かない程度に適宜水やりをします。

　2月の下旬ごろから、暖かくなるにつれ、新芽が動き始めます。2月末に枯れた古い葉を取り除き、株の周りをきれいにして敷きわらをします。

4　3月から4月上旬までの管理と収穫

最初の花やランナーは摘み取る

　休眠中は日陰に置いても問題はありませんが、生長が始まる3月に入ってからは、できるだけ日当たりの良い場所にプランターを置きましょう。新葉がつぎつぎに出てきて、花が咲き始めます。しかし3月中旬までに咲いた花はくず果になることが多いので摘み取

↑収穫期のイチゴ

り、しっかりした株に育てます。

　葉色を観察し、緑色が淡くなったときは、薄い液肥（高度化成肥料の2000倍希釈液）を水やり代わりにプランター1台当たり1ℓを、10日に一度くらい与えます。

　また開花から収穫中に伸びてきたランナーも早めに摘み取ります。この時期にランナーが出るのは、肥料のやりすぎです。茎葉ばかりが繁茂して良い花が咲かず甘い果実になりません。ランナーが出たときは追肥を控えます。

収穫

　4月中旬から5月上旬にかけて収穫時期となります。へたの部分まで十分に赤く着色した実を、早朝に収穫し、すぐ食べるのが最高です。

　果実の甘さは大きさとは関係がなく、果実が熟する時期に肥料成分（チッソ）を切らすことがコツです。甘くないのは栄養が足らないのではと、4月上旬以降に追肥するのは逆効果です。株からランナーが伸び出し、果実はまずくなります。

 収穫後の育苗

収穫終了後、すぐに黒米栽培の準備

　黒米の田植えは5月上旬から中旬くらいが適期です。イチゴを収穫したら、すぐに黒米の田植えの準備に入ります。病気のない、色・形の良いイチゴが収穫できたプランターを次期栽培の苗取り用に残し、ほかのプランターは黒米の項で前述（30ページ）したように、黒米栽培の準備に入ります。

イチゴの親株に1週間ごとに追肥

　苗取り用に残したプランターの3株の中から、とりわけ優れたものを1株残し、他の株は根際からハサミなどでカットします。1株から苗が30〜40本とれるので、1株でプランター10台以上の苗ができます。

　イチゴ栽培プランターが1台の場合は、根鉢を取り出し、良い株1株を選び、包丁で根鉢を切り、大きな鉢に植え替えます。

　次に残した株の周りに高度化成肥料の1000倍液を2ℓ、1週間ごとに3回与えます。

1週間くらいすると葉色が濃くなり、ランナーが次から次へと出てきます。このときほど肥料の効果を実感することはありません。ランナーは1株から十数本出てきます。

子株を7㎝ポットに固定する

ランナーが20～30㎝に伸びると、その先端に葉が伸びて子株ができます。さらに第1子株からランナーが伸びて第2子株、第2子株から第3子株と、つぎつぎに子株ができていきます。必要以上に伸びてきたランナーは摘み取ります。

子株の葉が2～3枚ついたら、直径7㎝くらいのポリポットに、赤玉土（小粒）と腐葉土を2：1に混ぜた用土を詰め、ランナーのついたまま子株のつけ根をポットの中央にのせて、針金で作ったU字形のピンで固定し、用土と密着させます。第2子株、第3子株も同様にポットにとり、風通しが良いように間隔を開けて、ポットを配置します。

ポットに子株を固定すると、2週間くらいで発根します。ピンをはずして子株を持ち上げても抜けず、ポットが落下しなければ、順調に発根した証しです。イチゴは乾燥を嫌うので親株、子株ともに水をしっかり与えるのがコツです。

◀残した株に肥料を与えるとランナーが伸びてくる

⬆アルミの針金から作ったピン

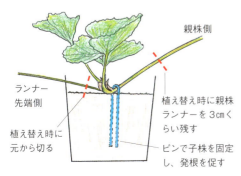

⬇親株（上）から伸びた第1子株、第2子株、第3子株（手前）を葉が2～3枚ついたころに7㎝ポットに固定する

▲親株から切り離した第1子株、第2子株、第3子株。この後、第2、第3子株も、親株側のランナーを長く切り残し、反対側のランナーをつけ根から切って切り離し、9cmポットに植え替える

8月にランナーを切り
9cmポットに植え替える

　8月に入ったらランナーを切り、ポットから抜き取り、根鉢を崩さないように直径9cmのポリポットに野菜用の培養土を補充して植え替えます。このとき、親株側ランナーは3cmくらいを残し、その株の子苗側(第2子株側、あるいは第3子株側)のランナーは株元から切り離します(前ページ図参照)。残した親株側のランナーは、定植時の植え付ける向きの目印になります(38、39ページ参照)。

水やりと追肥、古葉かきでがっちり苗に

　8月、9月の日差しはイチゴには強すぎるので半日陰で育てます。半日陰がない場合は、寒冷紗で日よけします。また夏場はとくに水やりを忘れないように、風があり気温の高い日は、朝晩2回水を与える必要があります。
　9月に入ったら1000倍液肥を、1週間ごとに水やり代わりに与えます。新葉がつぎつぎに出てきて混み合ってくるので、外側の古い葉を取り除きます。脇芽やランナーが出てきたら、これも早めに除去します。11月中旬の定植までに、クラウンの直径が約1cmのがっちりした苗に育てます。

育苗プランターは
湛水処理をして再生

　8月上旬にランナーを切った親株プランターの後作には、秋野菜の栽培もできますが、私は湛水処理をして用土を再生させて、10月末にまたイチゴを植え付けています。湛水処理をすると、イチゴも連作できます。
　親株を株際でカットして、プランターの排水口をゴム栓などでふさぎ、水を張ります。水の蒸散防止とボウフラ対策のために、薄いポリフィルムで上面をカバーします。
　夏場は高温になり湛水効果が上がるので、2ヵ月後の10月初旬に、ポリフィルムをはずし排水します。1週間くらい放置して土が少し乾いてきたら、プランターからあけて、苦土石灰30g、ピートモス0.5ℓ、モミガラくん炭0.5ℓ、バーミキュライト0.5ℓを入れてよく混合します。そしてイチゴの苗を植え付ける1週間前にぼかし肥100gを入れ、再度混合し、プランターにつめておきます。イチゴ苗の定植は、黒米の後作と同様です。

▼ボウフラ対策をして湛水処理中の子株を取り終えた親株プランター

Part 2 ② 空心菜⇨ブロッコリー

空心菜⇨ブロッコリー 栽培カレンダー

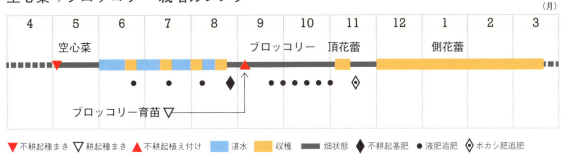

空心菜は水を好み、畑でも湛水した田でも育つ水陸両用の野菜です。その名のとおり、茎の中が空洞で、根に空気を送っています。ただし、水中では発芽しないので、湛水栽培する場合でも畑状態で種まきをし、発芽後から湛水します。

空心菜の収穫期間は種まき後1ヵ月半ごろの6月初めから11月に初霜が降りるころまでと長く、その間、何回も収穫ができます。次作に秋冬野菜の植え付け時期に合わせて空心菜の栽培を切り上げることができるので、どんな秋冬野菜でも栽培できます。

ブロッコリーは、8月中旬から9月上旬に空心菜の収穫を切り上げ、8月末から9月中旬に、購入苗か7月中旬に種まきしてポットで育てた苗を定植します。植え付けや種まき時期が遅いイチゴやエンドウ、タマネギなら、10月中旬くらいまで空心菜の栽培を続けます。

空芯菜も黒米のように根がびっしりと張り、収穫後の根鉢は容易に崩せないので、後作は表層を撹拌するだけの不耕起栽培です。

空心菜の栽培

1 種まき

種まき前の基肥は施さない

最初の年は、標準プランターのスノコをとり、栓をせずに排水口の内側にフィルター用のネットを置いて培養土を詰めます。培養土は畑土や一度使用した用土でもかまいません。ただし、土の中に虫などがいると発芽しなかったり、出てきた双葉が虫食いであった

り、ゆがんでいて双葉が展開しないことがあります。そんなときは、排水口にゴム栓をし、用土が水没するように注水して、2〜3日放置してから排水し、再度、種をまけば解決するはずです。

2年目からのブロッコリーの後作では、スノコをはずし、ブロッコリーの地上部を根元から除去し、不耕起で空心菜の種をまきます。

一昼夜浸種してから種まき

空心菜は寒さに弱いので、種まきは5月に入ってから行ないます。空心菜の種はアサガオの種にそっくりで、厚い殻に覆われています。そのまままくと発芽ぞろいが悪いので、一昼夜、水に浸け吸水させてからまきます。2条に10cm間隔に、直径2cm、深さ1cmくらいの穴を開け、そこに3〜4粒まいて覆土し、たっぷり散水します。

2 発芽後の管理と収穫

1ヵ所1本に間引き、肥料を与える

発芽がそろったら1ヵ所2本に間引き、高度化成肥料20gをばらまき、表土と軽く混合します。本葉が2枚出たところで1ヵ所1本に間引きます。双葉の上で切ると脇芽がまた伸びてくるので、必ず双葉の下をハサミでカットします。

湛水開始は6月以降から

発芽がそろったら、湛水できます。必ず双葉が水面上に出ていることが重要です。しかし、5月はまだ気温が低く、畑状態のほうが地温は高くなりやすく生育が良いので、湛水開始は6月以降がおすすめです。

6月は畑、湛水、どちらでも良いですが、

⬆発芽したアサガオの葉に似た空心菜。1ヵ所2本に間引き追肥する

⬆本葉2枚時に1ヵ所1本に間引く。Aでカットすると側枝は出ず枯れるがBでカットすると側枝が出てきて枯れない

➡6月中旬、このくらいに成長したところで湛水を開始する

↑6月下旬このくらいに育ったら適宜収穫し、側枝の成長を促す

↑下部の葉1～2枚以上を残して切って収穫（手前）

　7月に入ったら、後作のイチゴやエンドウのために必ず湛水で育てます。高温に強い空芯菜は7～9月には繁茂して水の蒸散量が多くなり、畑状態ではすぐに水不足になりますが、湛水栽培なら、気温が高く風の強い日でも1日1回の水やりで十分に足ります。

　まず排水口にゴム栓をし、高度化成肥料の1000倍液5ℓを注入してから、プランターの表土が水没するまで水を入れます。以降、毎日、このレベルまで水を追加して、乾燥しないようにします。

下部に1、2枚以上の葉を残し収穫

　草丈が20cmくらいになったら収穫を開始します。先端から3～4枚の葉をつけて刈り取ります。必ず、切り取る茎の下に1～2枚以上の葉を残します。するとその葉の付け根から側枝が伸びてきて、2週間後くらいで収穫サイズに育ちます。それを3週間後くらいまでに取り切ると、柔らかい茎葉が収穫できます。下葉を残して切らないと、その株からは決して側枝が伸びてこず、枯れてしまいます。

7月中旬からは3週間ごとに剪定更新

　7月中旬、いったん収穫を中断し、いっせいに上部を切り詰めて、株を更新させます。

　排水口のゴム栓をいったんはずし、プランターの水を排出します。排水している間に、茎から出ている下葉を1～2枚残し、その上の茎をすべて切り取ります。このとき残した葉の付け根から新芽が出ているときは、そのまま残します。終わったら、再び排水口にゴム栓をして、高度化成肥料の1000倍液肥を5ℓ入れ、プランターの上部まで水を入れます。

　この後は新芽が伸びて若返り、前と同様に収穫を続けます。そして、再び3週間くらいごとに、この更新剪定をして水を取り替えます。

　しかし、根は成長を続けているので根量が増え、9月になると、更新剪定後に施す5ℓの液肥が一度に入らなくなります。その場合はその後注水するときに水やり代わりに残りの液肥を与えます。

⬆更新剪定直後の空心菜

3 次作の準備

ブロッコリーを栽培する場合

　ブロッコリーは8月末から9月中旬に苗を植え付けます。ブロッコリー苗を植え付ける予定日の2週間前に、空心菜の栽培をストップして、以下のように準備します。

①排水し、根鉢をプランターから出して、スノコを定位置にセットし、根鉢を戻し入れる。
②地上部を根際からハサミやナイフでカットして取り除く。
③苦土石灰20gとぼかし肥100gを全面に散布して、表土2cmくらいと混合し、植え付けまで放置して、不耕起でブロッコリー苗を植え付ける。

イチゴやエンドウを栽培する場合

　イチゴの植え付けやエンドウの種まきは10月末〜11月中旬なので、空心菜の栽培は、その2週間前の10月中旬ごろまで続けます。収穫終了後、ブロッコリーと同様に2週間前に準備をし、不耕起で栽培します。
　エンドウは種まきスタートなので、苦土石灰20gだけを施します。少なくとも2週間以上たってから種をまき、発芽してから、ぼかし肥100gを表土1〜2cmと混合します。

➡空心菜の次作のエンドウ（「つるなしスナック2号」サカタのタネ）の発芽ぞろい。空心菜の根鉢は頑強で表面も細根でビッシリ覆われているが、不耕起栽培でも発芽は良好

ブロッコリーの栽培

1 苗の準備

頂花蕾側花蕾兼用種の苗を入手

ブロッコリーには頂花蕾専用種と頂花蕾側花蕾兼用種とがあります。頂花蕾専用種は先端の大きな花蕾だけですが、頂花蕾側花蕾兼用種は頂花蕾を収穫した後、続いてその下の葉の付け根から側枝が伸びその先端にできる花蕾も収穫します。花蕾のサイズはだんだん小さくなりますが、側枝がつぎつぎと伸びてくるので、翌年の春まで長期にわたって収穫できます。空心菜⇨ブロッコリーのプランターは、ほとんど一年中、プランターが空くことがありません。

苗の購入

ブロッコリーの苗は8月下旬から9月初めに売り出されるので、この苗を購入して移植します。お好みの品種を栽培したい場合は、7月下旬から8月上旬に径7cm前後のポットに種を数粒まき、発芽後1本に間引いて育てます。

2 苗の植え付け

2株を丁寧に植え付ける

8月上～中旬、空心菜を収穫終了後、基肥を施し準備しておいたプランターに、30cmの間隔を開けて2株植え付けます。空心菜の根がプランター上部まで張っているので、シャベルでポットがちょうど入る大きさの穴を開け、根鉢を崩さないように植え付けます。ブロッコリーの根は再生しやすいのですが、真夏の太陽の下、スムーズに活着するように丁寧に植え付けます。もし、根鉢が崩れ、細根が切れた場合は、1週間くらい日陰で育てるか、寒冷紗を掛けて育てます。

防虫ネットを掛ける

夏場のアブラナ科のキャベツやブロッコリー、ハクサイなどは、モンシロチョウが産卵し、ふ化した青虫の集中襲撃を受けます。とくに小さな苗のときはその損傷が痛手になり、致命傷になります。薬で防除も可能ですが、家庭菜園では防虫ネットを張って、無農薬栽培を目指します。

下の写真のように、定植後すぐに手作りの標準プランター用フレーム（26ページ参照）を立て、防虫ネットを掛け、ネットの下部をヒモで縛って固定します。ちょっとでも隙間があると侵入されるので要注意です。

➡植え付け後、フレームを3本立てて防虫ネットを張り、下部をヒモで縛る。栽培品種は「ハイツSP」（タキイ種苗）

⬆葉がネットいっぱいに育ったら、ネットとフレームをはずす

3 定植後の管理と収穫

水やりと追肥

　用土を乾燥させないようによく散水します。そのとき葉色をよく観察し、もし葉色が淡くなったら尿素の1000倍液肥を1ℓ、水やり代わりに与えます。ネット上面に葉が触れるようになったら、ネットをはずし、1週間ごとに、11月上旬の頂花蕾の収穫まで高度化成肥料の1000倍液肥を与えます。

ネットをはずした後はこまめに殺虫

　ネットをはずして7〜10日くらいに、葉を観察し小さな穴が開いていたら、生まれて間もない青虫が葉の裏面にいることが多いので、よく見てください。保護色で、葉脈と見分けがつきづらく見逃しやすいので、こまめにチェックすることが大切です。虫は葉や株を移動するので、1時間前に発見できなかったところもよく見てください。見つけしだい、指でつぶして退治します。

頂花蕾の収穫遅れに注意

　収穫期が近づくと花蕾は1日で大きくなるので取り遅れないように収穫します。蕾が膨らみ黄色の花弁が1個でも見えたら取り遅れです。早めに収穫し、すでに伸び始めている側枝の生長を促します。

　収穫は花蕾の下に数cm茎を付けて、よく切れる包丁でカットします。

　頂花蕾の収穫後、ぼかし肥100gを用土の表面全体に散布して側枝の発育を促します。

⬆頂花蕾の収穫適期。下葉の付け根に側枝の芽が出ている

側花蕾の収穫

　収穫した頂花蕾の下の葉の付け根から、側花蕾が伸びてきます。取り遅れないように花蕾の下をハサミなどでカットして収穫すると、また側枝が伸長してきます。だんだん小さくなりますが、春まで収穫できます。この間、寒くなり水分の蒸散量は少なくなりますが、水やりを忘れないように。

➡収穫サイズに育った側枝花蕾

Part 2
3 アピオス⇨セリ

アピオス⇨セリ 栽培カレンダー

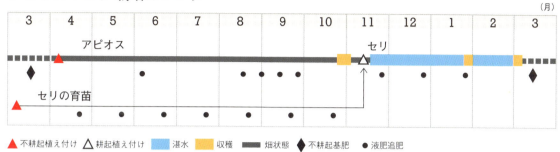

▲不耕起植え付け △耕起植え付け ■湛水 ■収穫 ━畑状態 ◆不耕起基肥 ●液肥追肥

➡高さ1.8mのネットに誘引し、花が咲いたアピオス

　アピオスは健康野菜として最近脚光を浴びています。マメ科の植物で、食用にするのは地中にできるイモです。根は四方八方へかなり広範囲に伸び、そのところどころが膨らんで数珠玉ようにイモができます。

　畑では畝が狭いと地下茎が簡単に隣の列に侵入して収穫が大変で、取り残しがあると、次の年思いがけない場所から雑草のようにしつこく芽を出してきます。しかし、プランターで栽培すればそのような心配はありません。

　標準プランターでも栽培できますが、スノコがあると地上部には何の問題も見られませんが、地下茎にイモができにくく太りません。地下茎が空気に触れるとイモが太らず、地下茎の数だけが異常に増えるようです。アピオスは、必ずスノコをとって栽培します。

　地上部はツル状に伸び、クズの花を小さくした色、形の花が、7月から8月中旬まで長期間、僅かに芳香を発しながら、つぎからつぎへと咲き続けます。プランターを庭木の下に置き、ツルを樹冠にはわせ花を観賞したり、軒下の窓の近くにネットを張り、夏の日よけ用のグリーンカーテンに仕立てることもできます。

　11月中旬に用土をシートにあけて収穫したら、その土で冬の野菜であるセリを育てます。そして、セリの収穫が終わる春に、再びアピオスを不耕起で植え付ければ、連続してプランターを活用できます。

アピオスの栽培

1 プランターの準備

スノコをはずして用土を詰める

　最初の年は、土は市販の野菜用培養土でもOK。自分で調合するときは、赤玉土と腐葉土をベースに、たとえば、赤玉土（小粒）7ℓ、腐葉土2ℓ、ピートモス0.5ℓに、苦土石灰20g、ぼかし肥100gを加えて混合します。

　標準プランターのスノコをはずし、水はけを良くし用土の流出を防ぐために、排水口の内側にポリエチレン製の目合いが1mmくらいのネットを置いて土を詰めます。ネットは、あまり目の細かいものは、目づまりしやすいでの好ましくありません。

　2年目からのセリの後作に植えるときは、根鉢を崩さず、苦土石灰20g、ぼかし肥100gを表層に混ぜて不耕起栽培をします。

プランターの排水口側を低くして設置

　スノコなしでも排水が良くなるように、排水口の反対側に数mmの厚みの板を置いて、わずかに排水口側が低くなるように設置します。

2 種イモの植え付け

種イモの乾燥は禁物

　初めて栽培するときは、通信販売などで種イモを入手します。次年度からは、前年栽培したイモを、乾燥させないように土の中に埋めて保管しておいたものを使用します。アピオスのイモは乾いてしなびると発芽しにくくなるので注意してください。1週間放置しただけで、発芽率がきわめて悪くなります。

プランターの中央部に1個植える

　4月初旬に種イモを植え付けます。アピオスは発芽ぞろいがかなり悪く、早ければ10日間ぐらいで、遅いときは1ヵ月後に発芽することもあります。発芽する場所もちゃらんぽらんで、種イモの植え付け位置近くから出ることもあれば、30cm以上離れた場所から出ることもよくあります。だから、種イモの植え込み場所を厳密にする必要はありません。また、複数の箇所から何芽も発芽することがあります。そのときはそのまま育てます。

⬆スノコを入れて栽培したアピオスの地下茎。茎の数は多いが、イモは少なく太らない

⬆スノコをとって栽培したアピオスの地下茎。数珠玉状にイモができる

イモは球形に近いものもありますが、多くはラグビーボールのような形状をしています。プランターの中央部に、数cmの深さに穴を開け、種イモを1個横向きに植えます。

不耕起栽培となるセリの後作では、プランターの中央あたりにシャベルの先端を入れ、絡んでいる根を切りながら、いささか強引に種イモが入るだけの大きさの穴を開けて、植え付けます。

植えた種イモは栽培中にさらに太って、数倍以上の重さになります。これも、食することができます。

⇐発芽したアピオス。上方に伸びている先端部が地上に出ている芽

セリの新芽は早く引き抜く

前作のセリの茎部が残っていると、ちょうどアピオスが芽を出すころに、セリの脇芽が伸びてきます。セリの芽は見つけしだい抜き取ります。セリの芽とアピオスの芽は識別可能ですが、初めて栽培する人は十分注意してください。アピオスの芽はマッチ棒の形で、先端が少し褐色のかかった緑色です。

▶3 出芽からの管理

支柱を立ててツルを誘引

ツルを絡ませたい場所にプランターを配置し、支柱を立てるか、ネットを張ってやります。最初は伸びたツルをここに誘引してやると、アサガオのように絡みつき、上に上にと自力で天に向かって伸びていきます。3mくらいで伸びは止まりますが、側枝が伸び始めます。側枝は主茎の高さを超えることはありません。

プランターを庭木の下に置き、支柱の先を下枝に届くようにしておくと、夏の緑の樹冠にはい上がり、淡紅紫の花を咲かせます。

⇧庭木（モミジ）の下にプランターを置き、支柱を立て木の枝先まで誘引する

⇧モミジの樹冠の上まで伸び、花を咲かせたアピオス

追肥

5月末～6月初めに葉色が急に淡くなることがあります。暖かくなり土壌微生物が前作のセリの根を食べ、チッソを吸収して増えるため、一時的にチッソ飢餓の状態になるものと思われます。

よく観察して、葉色が淡くなったら、すぐに尿素の1000倍液肥を2ℓ与え、ぼかし肥100gをプランターの全面に散布します。1週間くらいで葉色が戻るはずです。もし、まだ葉色が淡いときはもう一度尿素液肥を与えます。

8〜9月にかけては2週間に一度、高度化成肥料1000倍液肥を1ℓ与えます。

4 収穫と種イモの保存

ツルが枯れ上がってから収穫

10月下旬ごろ葉は黄色に紅葉し、11月初旬にはツルが枯れるので、その後収穫します。そのまま置いて、必要なときに掘り出せば良いのですが、セリを11月中旬までに植えたいので、できるだけ早くアピオスを収穫します。

ブルーシートの上にプランターをひっくり返して根鉢を抜き、根鉢を崩してイモを数珠状につけた地下茎を土から抜き取ります。イモはプランターの底部に多くありますが、内部にもあります。

葉が黄色に紅葉した時点で収穫すると、地下茎から伸びる細根が絡んでついてきますが、この1週間後ぐらいに葉が完全に枯れ上がってから収穫すると、細根は切れ、簡単にイモを付けた地下茎をとることができます。

地下茎からイモ部分をハサミでカットします。すぐに食べることもできますが、ポリ袋に入れ、冷蔵庫の野菜室に2週間くらい保管してから食べると甘みが増しおいしくなります。長期に保管するには、地下茎のまま、土の中に埋めておきます。

種イモを確保し、土に埋めて保存

重さが20g程度の、形の良いイモを選び、次年用の種イモとします。種イモは乾かすと発芽率が極めて悪くなるので、速やかに土の中に埋め込んで保存します。少量であれば、5号くらいの植木鉢に埋め込んで、ときどき散水し、過乾燥しないように管理して春まで保存します。

⬆イモ（蔓茎）から1次根が伸び、そこから2次根が分岐している。根にはマメ科植物特有の根粒が多数見られる

⬅数珠状にイモができた地下茎（右）と、細根が混じった用土（左）。用土はあたかもピートモスをたっぷり入れた土のような状態になっている

⬆ブルーシートの上でひっくり返して取り出した根鉢。イモはプランターの底部に多くあるが、用土の中にもある

セリの栽培

1 苗の入手と植え付け

11月中旬までに植え付け

　セリは多年生の湿生植物で、夏場の高温・長日下では、ランナー（ほふく茎）を伸ばし、冬が近づき低温・短日条件になると、ランナーの節々から、葉・根が伸びて子株ができます。この葉は夏の葉と違い、りっぱに大きく育ち軟らかいので、これを食用とします。花が咲き種もできますが、発芽率が大変悪いので、この節々から葉と根が出たランナーを苗にして増やします。

　セリ苗の植え付けは11月中旬までに終えたいので、アピオスの地上部が枯れたらすぐに収穫し、セリ苗を植え付けます。植え付けが遅れると、厳寒期の成長は鈍く、葉丈のあるりっぱなセリになりません。春になって生育を開始しますが、ランナーだけが伸びてあまり葉が伸長しません。

最初の年は購入した食用セリを苗に

　最初の年は、八百屋で販売している食用のセリを購入し、これを苗とします。

　次年度からは、収穫が終わったとき、根の一部を親株として抜き取り、別の容器に移植

➡八百屋で購入した食用セリ。茎葉を切り、根部を苗とする

⬇育苗した苗。11月初めにはランナーの節々から新葉の展開、発根が始まっている

し、ランナーを伸ばして苗を育てます（56〜57ページ参照）。

発根苗はごく浅植え、ランナー苗は置くだけ

　プランターの排水口の内側に、土の漏出を防ぐネットを置き、アピオスを栽培した土を肥料を混ぜずに戻し入れ、排水口を外側からゴム栓などでふさぎます。

　耐寒性は強いのですが、霜に遭うと葉が褐色に変色するので、軒下など暖かい場所に設置して育てます。設置場所に移動してから、土がひたひたに浸かる程度に水を注入します。

　購入した根のついた食用セリは、根の上の

↑購入した根つき食用セリ苗は、根元3cmくらいで葉を切り取り、浅く植える

根の付いていない市販のセリを
苗とするときの植え方

上部の葉は残す

水深は1〜2cm

茎を斜めに浅く植える

↑11月初めに食用セリ苗を植え付けた翌2月中旬の姿

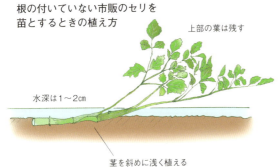
↑育苗したランナー苗を、プランターの表土の上に全面に広がるように配置して植える

↑ランナーから育てた1月末、収穫適期の生育

葉茎を2〜3cm残して切り、葉の部分は食用に、根部のみを苗とします。約10cm間隔に2条、12株をあまり深植えにならないよう植え付けます。市販の食用セリには根がついていないものもありますが、このときは茎を斜めにして浅植えします。しばらくすれば茎部から根が生え始めます。

自家育苗した苗は、切り取ったランナーを長いまま土の上に、均一に広がるように置きます。すでに発根している場合は、根が少し土中に入るように植えます。

2 その後の管理と収穫

発根後1ヵ月に一度水を取り替え、追肥

定植後はいつも茎がひたひた浸かるよう湛水状態を続けます。ランナー苗は2週間もすると発根し、ランナーが固定されるので、いったん排水し、再度排水口に栓をして、高度化成肥料の1000倍液をプランターの上面まで入れます。以降、水位が下がったら灌水し、土が乾燥しないように努めます。

また、1ヵ月に一度くらい排水し、高度化成肥料5gをばらまいて、再度湛水します。

冬は葉柄部を切って収穫

　葉が育てばいつでも収穫できますが、1月末から2月が収穫適期です。冬場は下の写真のように、ごく短い茎から根が伸び、上に長い葉柄をもった葉が何枚も展開します。春暖かくなるとこの茎部が伸長してきますが、冬の間はほとんど伸びません。収穫する際には、短い茎を残して、葉柄部を切って、葉を1枚ずつ切って収穫します。短い茎部を残すと、再び新葉やランナーが伸びてきます。

最終収穫は地際を株ごと切って収穫

　2月中旬以降、暖かくなってくると、地際の茎が伸びてきます。4月初めにはアピオスを植え付けなければならないので、セリは3月上中旬までには収穫を終えます。

　最終収穫では、根際から切って株ごと収穫します。1枚ずつ葉の葉柄部や茎の部分で切って収穫すると、後作のアピオスを不耕起で植え付けた後からセリの新芽が吹き、雑草化してしまいます。茎と根の境は水中の土の表面近くにあるので、この下にハサミを入れて株ごと収穫します。根は残っていても自然に枯れ、後作に悪い影響は与えません。

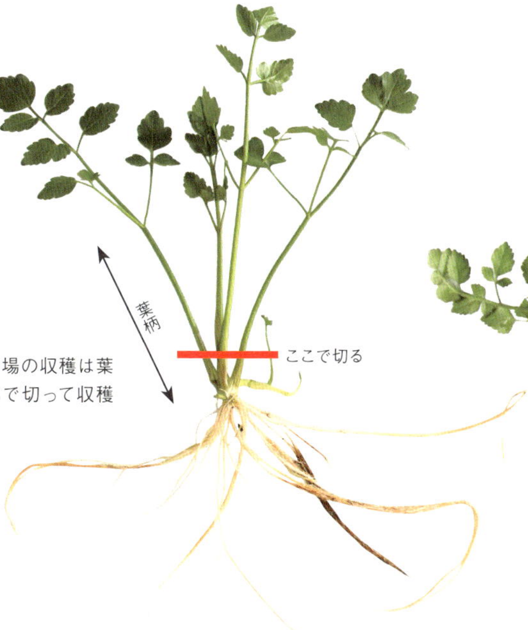

➡冬場の収穫は葉柄部で切って収穫する

葉柄

ここで切る

⬅最終収穫では根際から切り、茎を残さず株ごと収穫

茎

ここで切る

⬆収穫した葉

⬆株ごと収穫したセリ

後作のアピオスの準備

　3月上旬には収穫を切り上げて排水し、次作のアピオスの準備をします。排水後、セリの根鉢はそのまま取り出さず、スノコを入れずにそのまま、苦土石灰20gとぼかし肥100gを散布し、表土1～2cmと混合してから植え付けまで2週間以上放置します。アピオスは不耕起で種イモを植え付けます。

3 セリ苗の育苗

2月下旬、元気な株を親株として移植

　2月下旬ごろ、収穫株の中から、健全に育っているものを選んで、根をつけて引き抜き、親株として育苗用の容器に移植して育てます。容器はプランターでも良いのですが、8～10ℓのバケツで十分用が足ります。8ℓバケツ1個で標準プランター3～4台に必要な苗を育てることができます。

　まず、バケツの側面の下方にドリルで径数mmの穴を開け、排水口を作ります。用土は、庭土や畑土、野菜を育てたプランターの余り土でもOKです。土をバケツに詰め、親株を移植し、土が乾かない程度に水やりをします。

　活着したら排水口に栓をして湛水状態にし

⬆ 2月下旬、バケツに移植した親株

⬆ 活着したセリの親株

て、決して土を乾かしてはいけません。春から初夏にかけて茎が伸び、ランナーがたくさん発生します。このランナーが苗になるので大事に育てます。

　葉色を見ながら、ときどき薄い液肥を与え、また1ヵ月に一度くらい排水し、水を入れ替えます。肥料を一度に多く与えると虫がつくので気を付けてください。

**キュウリの後作には
8月末から9月初めに定植**

　ランナーは夏までに長いものは1m以上に育ち、真夏にはその生長が停滞します。夏に直立する茎の先端に左の写真のような白い花が咲きます。

　8月末から9月に入れば移植可能な時期に

⬇ セリの花。夏、茎の先端に白い花（小花の集合体）が咲く

↑9月初め、セリのランナーを切り取り、湛水したキュウリの後作プランターに置く

↑8月末、たくさんのランナーが育苗バケツの外に伸びる

なります。キュウリの後作のセリの育苗では、この時点で必要に応じてランナーを根元から切り取り、長いまま湛水したプランターの土の上に置けば、ランナーの節々から発根します。

アピオス後作のセリ苗は11月中旬に採取

アピオスの後作では、セリの定植は11月中旬まで待たなければなりません。そこで、10月中旬に、バケツの外に伸びたランナーをドクロが巻くようバケツの中に収め、水に浸かるようにします。しばらくすると、発根し、葉も立ち上がってきます。アピオスの後作ではこの発根し始めたランナーを取り出してプランターに移植します。

↑10月中旬に飛び出したランナーをバケツ内に収める

↑11月中旬になると、水につかったランナーの節々から新葉と根が伸びる。このランナーを切り取り、苗とする

➡11月中旬、新葉が伸び発根を始めた苗を移植した直後のプランター

Part 2　4　セリ⇨キュウリ

セリ⇨キュウリ 栽培カレンダー

▲ 不耕起植え付け　▼ 不耕起種まき　■ 湛水　■ 収穫　■ 畑状態　◇ 不耕起基肥　○ 化成肥料追肥　● 液肥追肥　◈ ボカシ肥追肥

➡ セリ収穫後の根鉢の中央を包丁でカットした断面。根量が多く、白い根がプランター全体にくまなく張っている

　キュウリはたくさんの水分を必要とします。それでいて、湿害にはかなり弱く、根は酸素を求めて表土近くにたくさん張ります。そのため、プランターで栽培すると、後半に根づまりを起こし、水はけが悪化し根が弱ります。

　これを避けるには、通気性の良い新しい用土で育てることが極めて重要です。

　ところが、セリを育てた後、不耕起でキュウリを栽培すると、キュウリの成長とともに新根が四方に伸びます。前作のセリの網目状に張った根がだんだん腐熟し、新しい空間が用土の中にできて、そこにタイミング良く根が張り、水はけも悪くならないのです。また、セリの後作のキュウリは、キュウリの大敵であるネコブセンチュウの害がでないので、収穫を終えた後の根も、白くきれいです。

　当然、適正な培養土を用いてキュウリからスタートしても良いのですが、他の植物を栽培した残土や庭土を使用することができるセリから9月にスタートすることをおすすめします。

セリの栽培

1　植え付けとその後の管理

苗は春から育苗し9月に植え付け

　セリの植え付け期間は9月から11月中旬までと結構長いです。アピオスの後作では11月中旬となりますが、収穫が8月中下旬に終わるキュウリの後作では、9月初めにセリ苗を植え付けます。早く植えれば、収穫回数を増やすことができるからです。しかし、9～10月に苗を購入することはむずかしいので、前述（56～57ページ）した方法で春から育

苗しておきます。苗が入手できない場合は、前述した方法に準じて栽培します。

プランターに苗を定植

標準プランターの排水口の内側に、土の漏出を防ぐためのネットを置き、用土を入れます。用土は畑の土でもプランターから出た廃土でもかまいません。キュウリの後作であれば、プランターのスノコをはずし、不耕起で栽培を開始します。

排水口を外側からゴム栓などでふさぎ、プランターを設置する場所に移動してから、土がひたひたに浸かる程度に水を注入し、切り取ったランナーを長いまま土の上に、均一に広がるように置きます。ランナーについた葉の付け根から発根し新芽が伸びるので、全体にバランスよく配置します。ランナーをたくさん入れすぎると混み合い、新芽が大きく育ちません。

収穫開始までは無肥料で

定植後はいつも土がひたひたに浸かるよう灌水を続けます。2週間もすると発根し、ランナーが固定され、葉が茂ってきます。

まだ暖かい9月の定植なので、肥料を与えすぎると軟弱に繁茂して害虫がつきやすいので、キュウリの後作であれば無肥料でスタートします。暖かい間はボウフラも湧きます。プランターをときどき斜めにして、表面の水だけを流せば、ボウフラは水と一緒に排出されます。

2 収穫

3月まで3回収穫し、収穫後追肥

10月中旬ごろから1回目の収穫をします。残した株から新芽が伸びてくるよう、根際の茎部分を残し、地上部の葉だけを収穫します。

収穫後、排水栓を抜いていったん水を抜き、小さじ1杯（5g）の高度化成肥料をパラパラと全面に散布し、それから再度湛水します。

2回目の収穫を12月下旬から行ないます。1回目と同じく地上部の葉だけを収穫し、同様に排水、追肥、湛水します。耐寒性は強いですが、厳寒期は軒下など暖かい場所で育てます。プランターを移動するときは、いったん排水し、プランターを軽くして運ぶと楽です。冬場でも結構水は蒸散するので、水を切らさないように水やりをします。

3月の収穫は根際を残さず切る

3月中下旬に3回目の最終の収穫をします。このときは、前述（55ページ）したように、収穫後、新芽が伸びてこないように、根際を残さず丁寧に収穫します。新芽が伸びると根も枯れず、後作のキュウリと競合してしまいます。

収穫株のうち、元気なものを親株として、前述（56〜57ページ）したように次年用の苗を育成します。

➡ 湛水したプランターに、採取したランナーをバランスよく広げて置く

⬆生育中のセリ。いつでも収穫可能

3 セリの後作

ほとんどの夏秋野菜が可能

3月末に収穫が終わるセリの後作には、アピオスをはじめ、トマト、ピーマン、ナスなどのナス科の野菜、インゲン、エダマメなどの豆類など、ほとんどの夏秋野菜が可能です。

ただし、セリの後作では、前述（12ページ）のように、5月末〜6月中旬にチッソが切れて、それまで健全な葉色を呈していた葉が急に緑色が抜けて黄変し始めます。水やりのたびに葉色をよく観察し、兆候が見られたら、尿素の1000倍液をプランター当たり1〜2ℓを、4〜5日ごとに2〜3回与えると、元の葉色に戻ります。

⬆セリ後の不耕起ナス（千両2号、黒陽）

⬆セリ後の不耕起栽培のトウガラシ、「甘とう美人」（左）とピーマン「エース」（右）

➡セリ後の不耕起インゲン「王湖」

キュウリの栽培

1 種まきの準備

直まきがおすすめ

キュウリの原産地はインドの西北部、ヒマラヤ山麓といわれており、温暖な気候を好み、低温、高温には弱い作物です。露地で育てる場合は春まきが最も育てやすく、4月下旬から5月上旬に市販されるポット苗を購入してプランターに移植するのが手軽な方法です。市販のポット苗には、接ぎ木苗と自根苗があります。接ぎ木苗は土壌病害予防のためにカボチャの台木にキュウリを接ぎ木した苗です。値段が自根苗よりも高く、セリを栽培した後作ではその必要はなく自根苗で十分です。

また、キュウリの育苗はナスやピーマン、トマトに比べるとやさしく、種は寿命が長く、適切に保管すれば数年は大丈夫です。種を無駄にすることがないので、種から育てることをおすすめします。

育苗法は径が9cmくらいのポリポットに種をまいて、本葉が3～4枚に育ったところで移植するのが一般的ですが、キュウリは移植に弱く根鉢を崩さないよう植え込むことが大切です。そこで、プランター栽培では、直まき栽培のほうが失敗が少ないので、ここでは、直まき栽培法を紹介します。

露地栽培向き品種を選ぶ

種から育てると品種選びの自由度が広がります。種苗会社のカタログには、いろいろな品種があり、いいことずくめの内容で書かれています。いろいろな種類にチャレンジするのも家庭菜園の楽しみのひとつですが、露地栽培で無農薬で育てたいときは、病気に強い、露地栽培向きの品種を選びます。ハウスなどの雨よけ設備が必要なプロ向きの品種が多いので注意をしてください。

セリ後のプランターの調整

3月末にセリの収穫を終えたら、排水口の栓を抜き排水します。セリの茎葉を持って根鉢をプランターからいったん取り出し、スノコを定位置にセットして、根鉢を崩さないように再度プランターに収めます。セリの根鉢は簡単には崩れないので、この作業は容易です。

終わったら、再度土の表面をよく見て、もしセリの茎部が残っているときはハサミなどを用いて取り除きます。セリの茎を全部とったつもりでも、小さなランナーの取り残しがよくあるので、キュウリの種まき時期まで時間のあるときは、軒下など雨の当たらないところに放置しておき、根鉢を乾燥させます。これで、残っていたランナーを枯らすことができます。乾燥処理したときは、キュウリの種まき予定日の前日にたっぷりと散水し、プランターの用土を十分に湿らせておきます。肥料は発芽後に施します。

↑針金で作ったトンネル用フレームを3本、両側と中央に設置する

↑保温育苗中のキュウリ。上部両脇の換気孔を内側に折り曲げ洗濯バサミで固定する

↑発芽後、日が差す日中は上部両脇の換気孔を開き、夜間は閉じる。5月上旬にはカバーをはずす

2 種まき

4月上旬に保温して直まき

　種まきは4月から6月にかけてまくことができます。4月にまく場合は、プランターに簡単な被覆トンネルを作り保温する必要があります。降霜の恐れのなくなる5月以降は保温の必要はありません。しかし、遅くまくほど雌花のつきが悪くなります。キュウリには、ある程度低温で日照時間の短いときに育苗すると、雌花がつきやすく節なり性が良くなる性質があるからです。もっと早くにまけば日照時間が短くなりますが、適温に保つためにはより強力な保温設備が必要になります。当地（東京）での妥協点は、4月上旬です。

保温トンネルを種まき前に準備

　針金でトンネル用フレーム（26ページ参照）を標準プランター1台に3本用意し、等間隔になるようプランターの用土に差し込みます。

　被覆資材は保温性能の点から塩加ビニールフィルムが好適ですが、ポリフィルムでもOKです。私は90ℓの透明のゴミ袋（90×100cm）を半分に切って代用しています（作り方は26ページ参照）。袋の底部が上に、換気孔がプランターの長辺方向の両脇に位置するようにかぶせ、下部をヒモで縛れば保温トンネルの完成です。天気の良い日中は換気孔を開き、夜間は洗濯バサミで換気孔をふさいで保温します。天気の良い日に密閉したままにすると40℃以上になりやすいので注意してください。

直まき

　ヘラやスプーンを使って、プランターの中央に直径3cm、深さ1cmくらいの穴を作ります。その穴に種を2～3粒、互いを2cmくらい離して置き覆土します。静かに散水してか

↑ 4月初めにまいたキュウリの5月中旬の姿。ツルが伸び始める時期なので支柱を準備する。品種は「フリーダム」（サカタのタネ）

ら保温カバーを付け、太陽の当たる暖かい場所にプランターを設置します。発芽するまでは洗濯バサミで換気孔を閉じて発芽を待ちます。

3　発芽後の管理

発芽後に基肥を施し間引く

　種まき後、1週間くらいで発芽ぞろいになります。ここで基肥としてぼかし肥100gを発芽した苗の周りを除いて全面に散布し、表面の土2cmくらいをかき混ぜてから、散水します。

　3粒まきの場合は、双葉が大きくなったとき形の良いものを2本残し、1本を根際からハサミで切り取って間引きます。発芽後は、天気の良い日は朝に換気孔を開き、夕方には閉じるようにします。

本葉1枚で1本に間引き、外気に慣らす

　最初の本葉が伸びて大きくなったころに、間引いて一本立ちにします。4月後半に入ったら、徒長しないよう夜間も換気孔を開いて外気に慣らします。そして5月初旬、降霜の心配がなくなったら、保温カバーをはずします。トンネル用フレームと被覆カバーは保管して再利用します。

　取り残したセリの小さな茎から芽が伸びたら、地上部だけを地際で摘み取ります。引き抜くと地表近くにあるキュウリの細根を損傷します。

4　収穫開始までの管理

ツルが伸び始めたら支柱を立てる

　5月の中下旬、本葉が2、3枚になるとツル（茎）が伸び始めます。ツルが伸び始めるとその速度は非常に速いので、遅れないように支柱の準備をします。

　短い支柱ならプランター内に立てることもできますが、それでは面積不足です。標準プランターでも横幅80cm、高さ160cmのネット面積が必要です。私は庭の一角に高さ180cmの支柱を立て、幅80cm、高さ160～180cmのネットを張り、この下にプランターを移動し、このネットにツルを誘引します。

5月中下旬に1回目の追肥

　ツルがぐんぐん伸び始めると根も張り巡り、肥料もよく吸収し始めます。ここでぼかし肥100gをプランターの全面に散布します。この時期にはプランターの表面に根が張っているので、表土との混合は厳禁です。

↑ 5月下旬、5節までの脇芽は摘み取り、支柱を立て横幅80cm高さ160cmのネットを張って誘引

キュウリの整枝

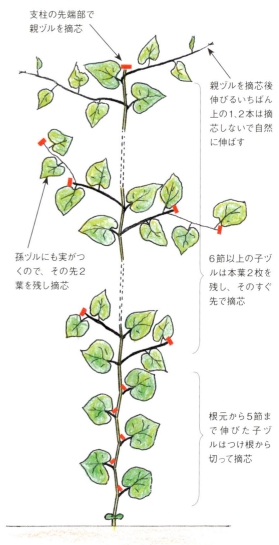

- 支柱の先端部で親ヅルを摘芯
- 親ヅルを摘芯後伸びるいちばん上の1、2本は摘芯しないで自然に伸ばす
- 孫ヅルにも実がつくので、その先2葉を残し摘芯
- 6節以上の子ヅルは本葉2枚を残し、そのすぐ先で摘芯
- 根元から5節まで伸びた子ヅルはつけ根から切って摘芯

親ヅルの誘引と子ヅルの摘芯が重要

　親ヅルが伸び出すと下位の節（葉の付け根）から子ヅルも伸びてきます。節からは巻きひげも伸びてきます。親ヅルを垂直に真上に持ち上げ、ネットに縛って誘引します。

　つぎに根元から5節（本葉5枚目）までから伸びた子ヅルは、つけ根から切って摘除します。伸ばしておくと、どれが親ヅルかわからなくなるほど繁茂し混み合ってしまいます。この5節までの親ヅルについた雄花や雌花はそのままにします。

　その上の6節以上の子ヅルは、本葉2枚を残し、そのすぐ先で摘芯します。雌花は親ヅルだけでなく、この子ヅルや子ヅルから伸びる孫ヅルにつきます。孫ヅルも本葉2枚の先で摘芯します。親ヅルは支柱の天辺に到達したところで摘芯します。

5月末～6月上旬、葉色が淡くなったら追肥

　セリの後作では、気温が上昇する5月末～6上旬によく観察していると葉色が急に淡くなります。これは、キュウリのチッソ吸収量が多くなるだけでなく、微生物が用土中のチッソを吸収して繁殖し、セリの根が逐次分解しているからでしょう。セリ後にキュウリに限らず、トマト、シシトウ、インゲンなどを栽培しても、時を同じくして葉色が淡くなります。

　このチッソ飢餓は一時的ですが、キュウリのいちばんの生長期にチッソ不足になると、

↑6月中旬ごろ、土の表面に白い根が現れる。このときが敷きわらをするタイミング

↑敷きわらをしてから1週間後、敷きわらを少しのけて撮影した白い細根群

↑稲わらを敷いて上根を保護する

以降の生育に悪影響を与えます。すぐに速効性のチッソ成分の多い尿素を、水で1000倍に希釈して、水やり代わりに2ℓくらい4～5日おきに3回くらい与えます。ここを乗り切れば、栽培の後半でもスタミナ切れを起こさず、長期間収穫可能となります。この追肥がセリの後作の重要なポイントです。

5　収穫開始からの管理

水やりをこまめに、定期的に追肥

　6月中旬くらいから収穫が始まります。乾燥に弱いので水やりもこまめに行ないます。
　このころ、土の表面に細かい根が見え始めたら、上根を保護するために敷きわらを表土が隠れるくらい厚く敷きます。わらがない場合は腐葉土を厚さ1cmくらい敷きます。キュウリの根は酸素を好むので、上の下段の写真のように1週間後、敷きわらをのけてみると、真っ白の細根がびっしり生えています。2週間後には根の一部がわらに絡むので簡単には敷きわらを動かせなくなります。
　収穫が始まったら、1週間に一度、高度化成肥料を1000倍に希釈した液肥を水やり代わりに与えます。

先端部の1、2本の子ヅルは放任

　子ヅルは2葉を残し摘芯していきますが、親ヅルの摘芯後伸びるいちばん上の1、2本は摘芯しないで自然に伸ばします。すべてを摘芯して1株に生長点がまったくなくなってしまうと、根の生長も止まり急に樹勢が弱くなってしまうからです。とくに生育の後半では複数個のツルが常に伸びているように心がけます。子ヅルには1個の実がつき、次に孫ヅルが伸びてくるので、これにつく雌花も育てて収穫します。
　葉色のつやがなくなった古い葉を除去し、孫ヅルに太陽光が当たるように誘引します。この誘引、整枝作業は遅れないよう、毎日こ

➡ 8月中旬の姿。ツルの整理と朝夕の水やりが欠かせない

⬇ 6月中旬、支柱先端までツルが伸び、収穫が始まる

まめに行なうことが大切です。また、夏場は朝夕、水やりをします。

収穫は朝夕こまめに

キュウリの果実の肥大は早く、夏場は開花後1週間もすると20cmくらいになり、収穫適期になります。肥大中の果実が多いほど株の負担が大きくなり、樹勢が衰え、曲がり果や尻太果などが多くなります。収穫の最盛期には朝夕、こまめに収穫します。小さめのうちに収穫したほうが、収量は多くなります。取り遅れにならないよう注意し、奇形果は早めに摘除します。

収穫終了後、セリ栽培の準備

8月下旬、収穫が終わったら、キュウリの地上部を10cmくらい残しカットし、敷きわらを除去します。栽培の終わりが近づくと、元気なときは細根が抱え込んで動かせなかった敷きわらが、簡単に動かせるようになります。

いったん根鉢を取り出し、スノコをはずし、排水口の内側にネットを置いて、再度根鉢を戻し入れ、残したキュウリの茎を根際から除去、それから湛水してセリの不耕起栽培の準備をします。

Part 2 5 クワイ ➡ エンドウ

クワイ➡エンドウ 栽培カレンダー

(月)

| 5 | 6 | 7 | 8 | 9 | 10 | 11 | 12 | 1 | 2 | 3 | 4 | 5 |

クワイ / エンドウ / 支柱立て

▲不耕起植え付け ▽耕起種まき ▨湛水 □収穫 ▬畑状態 ◇耕起・土改材・基肥 ◆不耕起基肥 ●液肥追肥 ○化成肥料追肥

クワイの栽培

1 植え付け

年末に食用のクワイを種イモに

　クワイは水生植物で、水田に生える雑草のオモダカの仲間です。ジャガイモのように株元から地下茎（ほふく茎）が土中に伸び、その先端部が肥大してイモ（塊茎）となり、イモの先に芽がつきます。

　5月下旬に種イモを植え付けてから収穫する10月末まで、ずっと湛水状態を続けます。収穫が遅くなるので、後作はエンドウやイチゴなどに限られます。

　マメ科のエンドウは連作に弱いのですが、このクワイや黒米、空心菜とリレー栽培すれば連作が可能です。レンコンとの組み合わせもできます。クワイは収穫の際に根鉢が崩れるので、後作のエンドウの用土は、堆肥などを加えて再生させます。

　エンドウからスタートすることもできますが、クワイは庭土や畑土、または野菜を栽培した古土を利用できるので、クワイの栽培からスタートするほうが無難です。古土に虫や微生物がいても、クワイの栽培中に死滅します。ここでは、クワイの栽培から始める方法を述べます。

　ジャガイモやサトイモの種イモは、植え付けのシーズンになると園芸店やホームセンターで販売されますが、クワイの種イモはほとんど見かけません。通信販売している種苗会社から購入するほかありません。

　おすすめしたいのは、種イモはプランター1台に1個でよいので、八百屋さんで食料用のクワイを購入し、これを種イモにする方法

クワイのなり方

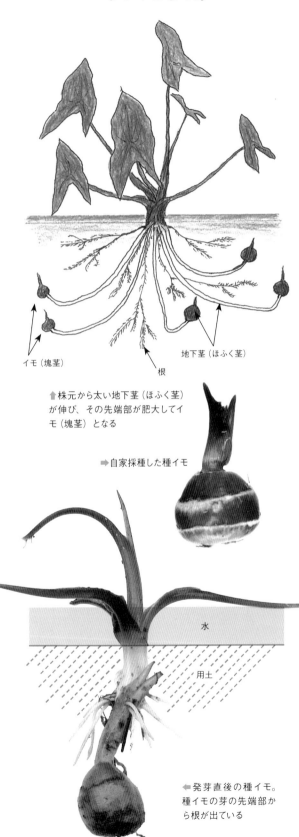

↑株元から太い地下茎（ほふく茎）が伸び、その先端部が肥大してイモ（塊茎）となる

➡自家採種した種イモ

⬅発芽直後の種イモ。種イモの芽の先端部から根が出ている

です。このほうが安上がりです。ただし、クワイはお正月のおせち料理の食材のため、店に並ぶ期間は正月の前後と限られています。植え付けは4月下旬～5月下旬ですが、12月の下旬に忘れないように購入し、種イモにするものは保存しておきます。クワイは湛水状態にないと、適温でも芽は伸びません。「芽が出る」にかけた縁起物の食材のため、クワイにはりっぱな芽がついています。この鳥のくちばしのような芽を欠いては種イモにならないので、くれぐれも慎重に、芽の部分も隠れるよう土の中に埋め、定植するまで乾燥しないように保存します。2年目からは収穫したものを種イモとして同様に保存します。

プランターの準備

栽培容器は、湛水・排水が簡単にできる排水口がつき、容量が8ℓ以上のものであれば何でも利用できます。バケツでも側面の下部に排水穴をあければOKです。ただし、深さが20cm以上ある容器の場合、栽培期間中、定期的に排水し容器内の水を入れ替えないと、容器の下部に伸びた根や新イモが腐敗してしまいます。

標準プランターのサイズであればこの心配がないので、栽培期間中に容器内の水をあえて排水する必要はありません。

プランターのスノコをはずし、排水口の内側に土漏れを防ぐためのネットを置いてから土を詰めます。庭土や畑土、野菜を栽培した残土でOKです。排水口に栓をして水を注入すると、土は少し沈み込みます。プランターの縁から土の表面まで3cmくらいの空間を確保します。水をためるだけでなく、生育後半に、根が張り巡り新イモが大きくなると土の上面が持ち上がってくるからです。

エンドウを栽培した後作のプランターなら、スノコを取りはずして不耕起で植え付けます。

芽を土の中に入れて植え付け

　植え付けは遅霜の心配がなくなる4月下旬から5月初めからです。それ以前に植え付けても問題はありませんが、暖かくならないと芽は伸び出しません。また暖かくなっても湛水せずに畑の状態にしておくと、葉が展開しません。

　エンドウの後作では、植え付けが5月下旬以降になることもありますが、気温も上がるので生育が早く、適正に肥料を与えれば生育はリカバーできます。

　植え付けのポイントは、容器の中央に、芽の上部が土の中に2cmくらい入る深さの穴を開けて、種イモの芽を上にして垂直にして植え込むことです。新しい根は芽の先端部から伸びるからです。

　植え付けたら湛水します。湛水すると1週間くらいで芽が吹いてきます。

↑クワイの発芽。基肥を株の周りを除いて施す

↑5月に入り気温が高くなると芽が伸び、葉を展開し始める

↓真夏の状態。葉が大きいので水分の蒸散量も多くなる

2 発芽後の管理

発芽してきたら基肥を

芽が地上部に現れたら、基肥として高度化成肥料10gを、種イモを植え込んだ中央部を除いて全面に散布し、土の上層部と軽く混合します。

9月まで追肥を月1回

さらに9月初めまで1ヵ月ごとに高度化成肥料を標準プランター1台当たり5g追肥します。栽培期間を通して4回追肥することになります。葉がりっぱに育っているからといって追肥をやめると、新イモの育ちが悪くなるので、肥料は過不足なく与えましょう。

さらに水やりを忘れないように、湛水状態を続けます。とくに風の強い日は水の蒸散が激しいので注意しましょう。

葉が枯れたら排水して乾かす

秋になると外側の葉から枯れ始めます。10月下旬になると中心部の葉も黄変します。こうなったら、排水口の栓をはずして排水し、畑状態にします。葉が枯れると葉から送られていた酸素が地下茎に行かなくなるので、湛水状態だと根部が腐りやすくなるからです。

↑10月下旬の姿。葉が枯れてきたら排水し畑状態にして、プランター内に空気を入れる

土が乾いていると収穫の作業性が良いので、排水口の反対側の底に1～2cm高さの板をかませ傾斜をつけてしばらく放置し、できるだけ水を抜きます。

3 収穫

11月初めまでに収穫

葉が枯れたら収穫します。後作のエンドウを11月中旬までの適期にまかないといけないので、遅くともその2週間前の11月初め

↑収穫のとき、プランターから取り出し、底面から見た根鉢

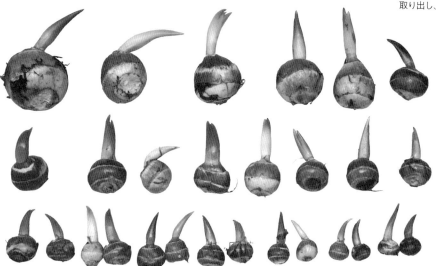

←プランター1台から収穫したイモ。プランターの壁面で成長したイモは少し扁平になっている

までに収穫します。

　ポリシートなどの上にプランターをひっくり返します。写真のような根鉢のうち、先端にイモのついた太い茎はイモと一緒に取り出します。根は、少し太く土から容易に分離できるものは取り除き、細く土を抱き込んでいるものはあえて分離する必要はありません。天気が良ければ、ポリシートの上に土を広げて1～2日置けば、エンドウの用土の再生作業が楽にできます。

イモは土中か水中で保管

　掘り出したイモは茎を取り除き、収穫したイモは土の中に埋めるか水中で保管します。とれたてのクワイはおいしいので、すぐに食べて自家栽培ならではの醍醐味を味わいましょう。プランターで栽培すると、側面近くで育ったイモなど、どうしても形の悪いものが多くなります。しかし味は変わらず、クワイのおかげでエンドウが連作できると思えば腹も立ちません。

次年度用種イモの保存

　収穫したイモの中から、イモの直径が3～4cmで、芽が崩れていないものを選んで、植木鉢などに埋め込んで、ときどき水をやり、乾燥しないようにして来春の植え付けまで保管します。

クワイを栽培した土を再生

　エンドウは酸性土を嫌うので、クワイの太い根を取り除いた用土に、苦土石灰30g、堆肥0.5ℓ、ピートモス0.5ℓ、バーミキュライト0.5ℓ、モミガラくん炭0.5ℓを入れ混合します。

　プランターの定位置にスノコを入れ、この再生用土を詰め、そのまま2週間置いて成分をなじませておきます。

エンドウの花

エンドウの栽培

1　種まき

11月初旬～中旬に直まき

　エンドウの種まきは11月初旬から中旬です。エンドウは寒さに強いのですが、早くまいて大きくしてしまうと冬の寒さに弱くなってしまい、あまり遅すぎると発芽しても十分に根が張らず枯れてしまうので、適期にまくことが肝心です。

　この時期の畑はまだ冬野菜が畝(うね)を埋め尽くしていますが、プランター栽培なら適期に種を直まきできます。2月末まではエンドウの背丈は低く、支柱を必要としないので、庭の空き地で育てることができます。エンドウには「つるなし」と「つるあり」とがありますが、どちらでもプランター栽培ができます。

　つるあり種の場合は20cm間隔で3ヵ所、つるなし種の場合は10cm間隔で5ヵ所に、径3cm、深さ1cmのまき穴を開けて、4、5粒ずつまきます。その後に水をたっぷり与えてから、種が隠れる程度に土をかぶせます。

　エンドウの種は、エダマメやインゲンとは異なり、種は土中のまま動かず、子葉は開かずに本葉が芽生えてきます。そのためか、土中の肥料濃度が高く、過湿になると種が腐りやすく発芽率が悪くなるので、種まき以降は発芽するまで水やりはせず、もし表土が乾いたときは霧吹きで表土を湿らせます。

↑つるありエンドウは20cm間隔に3ヵ所に4、5粒ずつまく。この後、水やりをしてから覆土する

↑3月初め、畑に立てた支柱の下に移動した直後のつるなしエンドウ。品種は「ホルンスナック」（サカタのタネ）

↑5ヵ所にまいたつるなしエンドウ、「ホルンスナック」の発芽ぞろい

基肥も必ず発芽後に施します。発芽したらぼかし肥100gを、芽の周りを除いて全面に散布し、小型の草かきなどで表土3～4cmと混合し、十分に水やりをします。以降は乾燥しないよう1週間に一度くらい散水します。

2 2月からの管理

2月中旬に支柱を立てる

2月下旬ごろからツルが伸び始めるので、その前に支柱を立てます。つるなし種でも背丈は80cm前後になるので支柱が必要です。つるありの場合は1.6～1.8m、つるなしの場合でも1mくらいの高さの支柱が必要です。標準サイズのプランター内にこの支柱を立てることはむずかしいので、畑に支柱を立て、その前にプランターを設置すれば、風にも負けない頑丈な支柱を簡単に立てることができます。ちょうど2月から5月の連休までは、畑が最も閑散となる時期なので、空いている畝に支柱を立てネットを張ります。

畑に支柱を立てる場合は、その前にエンドウ収穫後の5月以降、その畝に作付けする野菜の下準備をしておきます。その野菜に合わせた土づくりをして、黒マルチを張っておきます。こうすると、エンドウの収穫後、すぐに作付けができます。

畝の中央部にプランターの長さくらいの間隔で支柱を立て、目合いが10cmくらいのネットを張ります。そこにネットがプランターの真ん中にくるよう、プランターを設置します。

ツルが伸びてきたらつるあり種は間引く

つるあり種は、背丈が20cmくらいになったところで1ヵ所2本になるよう、元気の良いものを残し、他はハサミで根元から切って間引きます。つるなしは間引きをしないでそのまま育てます。

ツルは1ヵ所に集中させず、全体に広がるように誘引します。後は自然に上へ上へと伸びるので、エンドウに任せます。

↑4月下旬、開花した「ホルンスナック」

3月に液肥で追肥

3月に入ると急に生長が早くなります。1週間ごとに高度化成肥料を1000倍に薄め、プランター1台当たり2ℓくらい、4月末ごろまで与えます。ぼかし肥などの有機質肥料をこの時期に与えると、ハモグリバエを呼び込みやすいので注意してください。

地上部が生長して葉数が増えると、水分の蒸散が激しくなります。エンドウは3月以降、水やりを忘れないようにすることが肝心です。

3 収穫

収穫量は露地栽培と遜色なし

サヤエンドウは実が膨らみ始めるころが収穫適期です。スナップエンドウは実が肥大し、サヤが丸くなったときが収穫適期です。

エンドウはプランター栽培でも、同じ面積当たりで計算すると、露地の畑栽培と同じくらいの収量が見込めます。畝の占有期間は2月からなので、畑栽培のおよそ半分で、しかも閑散期を活用できるので、うれしい限りです。

収穫後、クワイの不耕起栽培の準備

エンドウの収穫が終わったら、茎を土の表面から10cmくらい残し、ハサミでカットします。この残した茎を握って持ち上げ、プランターから根鉢を取り出します。すると、スノコは根に抱きかかえられるように根鉢についてくるので、スノコを根鉢からはずします。そして排水口の内側に土漏れ防止ネットを置いて、プランターの真上から根鉢を戻し入れます。最後に地上部に残した茎を地際でカットし取り除けば、これでクワイ栽培の準備は完了です。

4 クワイ以外のエンドウの後作

エンドウ後作にキュウリ

クワイとエンドウの輪作以外に、エンドウの後作にはキュウリも面白いものです。エンドウの支柱をそのまま活用し、不耕起でキュウリを直まきする方法です。

エンドウを5月末に収穫を終えたら、地上部を刈り取り、2週間放置した後にキュウリの種を不耕起で、プランター中央1ヵ所に数

▼5月初め、収穫が始まった「ホルンスナック」

↑エンドウの後作のキュウリ

粒まきます。

　種まきが6月中旬の時期になるので、保温の必要もなく栽培は容易で、早まきキュウリの収穫が少なくなる8月から収穫できます。

　ただし、気温が高い時期なので「節成型(ふしなりがた)」品種は主枝の節なり性が悪くなるので、子ヅルや孫ヅルに雌花がつきやすい「飛び節成型」や「中間型」の品種を選びます。主枝は早めに摘芯し、子ヅルや孫ヅルにつく実を収穫します。

　発芽したら1本に間引き、株の周りを除き、苦土石灰20gとぼかし肥100gを散布し表土1〜2cmと混合し、後はセリ・キュウリの輪作の項に準じて栽培します。

黒米や空心菜との輪作も好結果

　エンドウは黒米や空心菜と作期がうまくつながり、これら湛水夏作物との輪作も結果は上々です。エンドウの発芽に成功すれば、後は特段むずかしいことはありません。

　黒米や空心菜の収穫を終えたら、苦土石灰20gを表土1〜2cmと混合し、2週間経ってからエンドウの種を不耕起でまきます。豆類は肥料濃度が高かったり過湿になったりすると発芽不良を起こしますが、黒米や空心菜の後は水はけがよいので過湿になることはありません。ただし基肥は発芽後に行なうようにします。

　黒米や空心菜の後の表土は残根が絡んでデコボコしているので、種をまく部分に径4cm、高さ1.5cmくらいの穴を開けて種をまき、穴を開けたときに出たゴロゴロした土で覆土し、たっぷりの水を与えます。後は発芽するまで散水は控えます。

　発芽に要する期間は気温によりますが、11月中旬であれば10日前後です。発芽したらその周りを除いてぼかし肥100gを散布、表土1〜2cmと混合します。後は前記（71〜73ページ）の方法に準じて栽培します。

↑黒米栽培の後にまいたつるありエンドウの発芽ぞろい。品種は「グルメ」（タキイ種苗）

↑生育中（4月下旬）の「グルメ」

トマト⇨湛水⇨極早生タマネギ

トマト⇨湛水⇨極早生タマネギ　栽培カレンダー

（月）

| 5 | 6 | 7 | 8 | 9 | 10 | 11 | 12 | 1 | 2 | 3 | 4 |

トマト　　　　　　　　　　　　　極早生タマネギ

極早生タマネギの育苗

△不耕起植え付け　▲耕起植え付け　▽耕起種まき　　湛水　□収穫　━畑状態　◇耕起・土改材・基肥　◆不耕起基肥
●液肥追肥　○化成肥料追肥

➡軒下の雨よけ栽培のプランターで育つ糖度8〜10のミニトマト「千夏」（タキイ）

トマトはプランターで栽培するほうが畑栽培より甘くなり、糖度を測定すると少なくとも1〜2度、ミニトマトだと3〜4度高くなることだってあります。トマトの糖度が一度違うと、食べて誰でもその差がわかります。プランター栽培の醍醐味は、トマトがいちばんでしょう。

しかし、ナス科のトマトは連作を嫌うので、用土の再生が不可欠です。そこで、トマトの収穫を8月末に終えたら、1ヵ月余、湛水して土を再生します。夏の暑い時期なので1ヵ月余で十分に効果があります。

これだけで毎年トマトを連作することができますが、プランターの利用効率をアップするために、11月上中旬に、翌春の4月下旬までに収穫できる極早生タマネギを栽培しましょう。ネギ科のタマネギはトマトとの相性が良く、しかも、タマネギの後作はトマトを不耕起で植え付けることができます。また、トマトはセリの後作でもうまくリレーできます。

トマトの栽培

1 用土の準備と施肥

2年目からはタマネギの後作に不耕起で

初めてトマトを栽培する場合は、市販されている野菜用の培養土を使用します。標準プランターの定位置にスノコをセットし、培養土を入れれば準備完了です。

次年度以降は、タマネギの栽培を終えたプランターとタマネギの根鉢をそのまま使って不耕起栽培を行ないます。単子葉類のタマネギやネギの根は双子葉類のキュウリやトマ

⬆タマネギ収穫後、プランターをブルーシート上にひっくり返し、取り出したタマネギの根鉢。上面がプランターの底部。根はほぼ垂直に伸び、その一部の先端がスノコを巻き込んでいる

➡タマネギの根鉢の側面部を拡大。側根がない棒状のひげ根

ト、ピーマンとは異なっていて、上の写真のように主根がなく株元から2次根（側根）がないひげ根だけが何本も伸びています。プランターをひっくり返しても崩れない根鉢ができますが、2次根がないので比較的簡単に根と土を分別できます。

しかし、タマネギが順調に育ち、水はけも良ければ、そのまま不耕起でトマトを植え付けます。

タマネギの後作では
基肥を定植1週間前か、活着後に

最初の年の市販培養土には肥料も含まれ酸度も調整されているので、基肥は必要ありません。

タマネギ収穫後、植え付けまでに1週間以上余裕がある場合は、すぐに基肥を入れます。苦土石灰20gとぼかし肥150gをプランターの表面全体にばらまき、表土3〜4cmと混合します。タマネギの根は表層部にはないので簡単に混ぜることができます。タマネギの収穫が遅れたり、トマトの苗の花が咲き始めたときなど、すぐに植えたい場合は、植え付け後、活着してから、同量を施します。

2 苗の入手と植え付け

市販の自根苗を購入

必要なトマトの苗は標準プランター1台に1本なので、種をまいて育苗するよりも植え付け前に購入したほうが手軽です。育苗はそんなにむずかしくないので、欲しい品種の種を求め、自家育苗することもできます。

苗には接ぎ木苗と自根苗とがあります。接ぎ木苗は耐病性の向上や連作障害の低減効果がありますが、お値段は高いです。湛水処理で用土を再生しているので、接ぎ木苗は必要なく、自根苗を購入します。

園芸店などではずいぶん早くから店先に出ていますが、苗の購入は5月初旬が良いです。早く買えば寒さ対策が必要です。

花が1〜2輪咲いている苗を購入

苗は、花が1〜2輪咲いていること、葉に褐色の病斑点がないこと、生長点が若草色にきれいに展開していることを確認して購入します。花が咲いていない若苗を購入した場合は、ポットのまましばらく育てて、開花し始めてから植え付けます。蕾だけの若い苗を植えると、とくに大玉トマトは茎葉の勢いが強くなりすぎ、第1花房に実がつきにくくなるからです。

自根苗を寝かせて植える

根鉢の深さに植え穴を掘って垂直に植えるのが一般的ですが、次ページの図のようにプランターの中央部よりも約15cm、左右どちらか寄りに、寝かせた根鉢が埋まるほどの植え穴をひとつ掘り、寝かせて植え付けます。こうすると、土に埋まった茎から新しい根（不定根）が伸びて、育ちが良くなります。また、背丈も低くすることができます。

↑苗を寝かせて植える斜め植え

↑花が1〜2輪咲いた自根苗を斜めに植えた状態

↑寝かせて植えた苗は、一晩で先端を上に向けて伸び出す

ただし、接ぎ木苗の場合はこの斜め植えは禁物です。接ぎ目より上部の接いだ穂木の茎から根が伸び出し、接ぎ木をした意味がなくなってしまうからです。自根苗であることを確かめ、標準プランター1台に1本、苗を寝かせて斜めに植えます。

植え付け後、水やりをして、日当たりの良い場所に、できたら雨が直接当たらない南向きの軒先にプランターを設置して育てます。

苗は翌日には先端が真上に立ち上がり、伸長し始めます。新芽が伸びて活着を確認したら、市販の培養土には、プランターの外周にぼかし肥100gをばらまいて、表土3〜4cmと混合します。タマネギ後の不耕起栽培でも植え付け前に基肥を施さなかった場合は、苦土石灰20gとぼかし肥150gを同様に施します。

支柱を立て誘引

5月上中旬に特有の春の嵐で葉がやられないように、早めに支柱を立てて誘引し、ヒモで結んで固定します。私は軒下にトマトのプランターを移動し、両側に物干し台を置き、物干しざおを固定し、そこに約1.8m高さの支柱を、プランターの外側の地面に突き刺して立てています。支柱を突き刺すことのできない屋上であれば、下部にも物干しざおを渡して上下2ヵ所で支柱を固定します。トマトの茎が上まで届くころには、茎葉の重量が相当重くなるので、支柱は頑丈に立てましょう。

←軒下で物干し台を両側に置き、物干しざおに支柱を固定

3 収穫開始までの手入れ

脇芽かき

トマトは各葉ごとに付け根から脇芽が伸びてきます。放任すると混み合い茎葉ばかりが繁茂してしまいます。主枝のみを伸ばしてつぎからつぎへと出てくる脇芽は、5cmくらい伸びたときに、手で横に倒して折って脇芽かきをします。これ以上に伸ばすと折れにくくなるので、ハサミでカットしますが、ウイルス病を伝染させる心配があるので注意してください。こまめにかき取ることがコツです。とくに花房下の脇芽が勢いよく伸びるので、注意してください。そして3葉ごと主枝を支柱に誘引します。トマトは3葉ごとに花房がつくからです。

↑脇芽（矢印）は5cm以上伸ばさないようにこまめにかき取る

第1花房を確実に着果させ、4果に摘果

トマトは、第1花房の花に確実に着果させることが重要です。第1花房が着果しないと果実に使われる養分が茎葉の生長に回り、葉の勢いが強くなりすぎてさらに果実のつきが悪くなってしまいます。ミニトマトはこの心配は少ないですが、大玉トマトは要注意です。第1花房を確実に着花させるには1、2花が咲いた苗を植えると、活着時から茎葉と花房がバランスよく生長します。

トマトは自家受粉するので、人工授粉の必要はありませんが、まだ気温が低いとき確実に着果させるにはホルモン剤（トマトトーン）を花に散布する必要があります。

また、大玉トマトの場合はひとつの果房に、形の良いものを4果残し、後は摘果します。多くつきすぎると小玉になったり、逆に茎葉の生長が悪くなってしまうからです。ただし、ミニトマトの場合は摘果の必要はありません。

日差しが強くなったらプランターに寒冷紗

6月中旬ごろからの強い日差しを受けるとプランターの土の温度が高くなり根を傷めます。そこで、晴れた日は遮光率の高い、銀または黒の寒冷紗をプランターの部分だけ覆うように掛けてやります。

第3花房に実がつき始めたら追肥を開始

追肥は葉色、草勢を見て適宜行なうことが基本ですが、第3花房の実がつき大きくなり

↑ミニトマトは摘果の必要はない

⬆プランターに銀色寒冷紗を掛けて高温を防ぐ中玉トマト。「シンディースイート」（サカタ）

始めたら定期的に追肥を始める必要があります。果実の負担がこのころ急増し、茎が細くなり脇芽も出にくくなるなど、草勢が急に弱くなるからです。

高度化成肥料を水に溶かし1000倍液肥を作り、1週間に一度、プランター1台当たり2ℓくらい水やり代わりに与えます。

収穫開始からの手入れ

真っ赤に熟れたら収穫

主枝が支柱の先端まで伸び、5段花房が咲き始める7月上旬ごろに、第1果房が赤く熟します。朝の涼しいときに収穫します。果実はまっすぐに下に引っ張ってもとれませんが上に向けながら横にねじると簡単にとれます。

5段花房が咲きだしたら、その上の葉2枚を残して摘芯

トマトは栽培条件さえ良ければ、いつまでも生長し続けます。できるだけ上段までつけて長く収穫したいですが、プランター栽培では5段どりにとどめたほうが賢明です。6段以上の草勢管理は大変で、良い実がつきにく

⬆軒下で育つ大玉トマト「麗夏」（サカタ）

くおいしいトマトにならないからです。

初めから収穫目標を5段と決め、5段花房が咲きだしたら、その上の葉2枚を残して主枝を摘芯します。気候にもよりますが、私の経験では、糖度は1、2段果房より3、4段目の果房につく実のほうが高くなります。5段目もおいしくするためにはあまり欲張らないことです。

収穫が終わるまで常に脇芽を1個取り残す

脇芽は早めにかき取ることが原則ですが、栽培が終わり近くになると、草勢が急に衰えることがあります。病気によることもありますが、脇芽をすべてきれいに摘んでしまうと根が弱ってしまうからです。

5段目の花房の上2葉を残して主枝を摘みとるころまでは、まだまだ株に勢いがあるの

で、新芽が全部なくなっても、その残した葉の付け根から勢いの良い脇芽が吹き出してきます。それが正常で、さもなければ草勢が弱っている証拠で、りっぱな果実を望むことはできません。しかし、主枝を摘芯してからは、しだいに上部に残した葉の付け根から出る脇芽の勢いが段々と衰えてきます。こうなったら慎重に、脇芽かきを遅らせ、常に少なくとも1芽は残すようにします。これ以降は、むしろ自然放置のほうが良い結果をもたらします。

5 収穫終了後のタマネギの準備

収穫が終わったら湛水処理

8月下旬、第5果房の収穫を終えたら根際で主茎をカットし、プランターの排水口をゴム栓などでふさぎ、土の表面が完全に水に浸かるまで水道水を入れます。1ヵ月このまま放置し湛水処理をします。この時期は水の蒸発が激しく、ボウフラも湧くので、プランター上部をポリシートでカバーしヒモで縛っておきます。

排水し用土を調整

1ヵ月湛水したら、ポリシートのカバーをとり、プランターの排水口の栓をはずし排水し、そのまま放置し水分を切ります。

10月下旬に、シートの上にプランターの土を広げます。トマトの細根は腐っているので根鉢は簡単に崩れます。まだ腐熟せず残っている根元部とごく太い根を除去します。

標準プランター1台の土に苦土石灰30g、堆肥0.5ℓ、ピートモス0.5ℓ、バーミキュライト0.5ℓ、モミガラくん炭0.5ℓ、ぼかし肥100gを混合し、プランターに戻し入れます。もし土が余ったら、別途保管し、種まき用や土寄せ用の培土として使います。

極早生タマネギの栽培

1 育苗

極早生タマネギを選び、9月中旬にまく

中生（なかて）や晩生（おくて）のタマネギの収穫時期は5月末～6月中旬、極早生（ごくわせ）は4月下旬になります。トマトをもっとも栽培しやすい5月初旬に植えるには、極早生品種を選びます。貯蔵性のタマネギや赤タマネギは中・晩生品種となるので、トマトの植え付けは6月初旬になります。ただし、中晩生品種でもまだ十分に肥大しない葉タマネギなら、4月下旬には収穫できます。

タマネギの苗も11月の定植時期には売られていますが、極早生の苗を確実に確保するには、育苗したほうが確実です。極早生タマネギの種まきの時期は9月中旬で、種まき適期が短いので注意してください。その土地の気温によって中間地や寒地では9月中旬の前のほう、暖地では9月中旬の後のほうとなります。適期より早くまくと大苗になり、春に

とう立ちしやすくなり、遅れると小苗になり大球は期待できません。

育苗容器はイチゴのパックでもOK

苗は標準プランター1台に10〜12本の苗が必要です。2〜3台分の苗であれば、苗作りの容器は容量が2〜3ℓくらいの小型プランターか植木鉢でかまいません。

イチゴのパックでも用が足ります。あらかじめイチゴパックの底面に排水口を開けます。使い終わった竹串、または割り箸の先端に火をつけ、炎を吹き消し、穴を開けたいところに押し当てて数ヵ所開ければ、でき上がりです。

発芽するまでは日にあてず乾かさず

タマネギ専用の培養土が販売されていますが、野菜用培養土で十分です。イチゴパックの場合、条間6〜8㎝で2条に、種と種の間隔が3〜5㎜くらいになるように種をまき、軽く覆土します。そして霧吹きか目の細かなハス口のジョウロで丁寧に散水します。

よく発芽させるコツは、タマネギは発芽する際に光を嫌うので、直射日光の当たらない居間などに置き、乾かさないようにすることです。数日で発芽します。

発芽したら屋外に出して日に十分に当てます。背丈が10㎝くらいになったとき、混み合っているところを間引き7〜10㎜くらいの間隔にします。以降10日ごとに薄い1000倍液肥を水やり代わりに与えます。

2 植え付け

湛水処理した調整土を詰める

前述（80ページ）で紹介したように、トマトの収穫終了後1ヵ月間湛水した土に苦土石灰、堆肥、ピートモス、バーミキュライト、モミガラくん炭、ぼかし肥を混合した用土を、スノコを入れたプランターにつめます。余った用土は保管しておき、毎日の水やりで株の周りの土が洗い流されたときなどに、小さじでこれを追加してやります。これだけで育ちが良くなります。

苗をプランターに浅植え

定植適期（中間地で11月初旬、暖地11月中旬）に、株間9〜10㎝とって、2条に10〜12本を千鳥状に配置して植えます。

植え付けるときのポイントは、根の上の白い部分（葉鞘部）の2㎝くらいが土の中に埋まるように、指で穴を開けて浅植えします。

タマネギは地上に出た部分が肥大して球形となります。深植えすると腐りやすく、肥大が阻害され楕円形のような玉になってしまいます。また、地上で肥大するので、土寄せして球部を埋め込む必要はありません。逆にあまり浅植えしすぎると、水やりなどで土が洗われて倒れたり、根が露出してしまいます。

もうひとつのポイントは、苗を垂直にまっすぐに立てて植えることです。斜めに植えると球がいびつになってしまいます。

植え付け後はできるだけ日当たりの良いところで育てます。

⬆ 植え付け前の極早生タマネギ苗

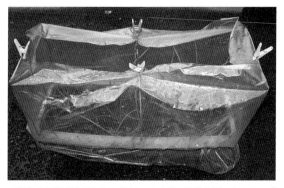
↑凍結の心配があるときはポリシートなどで簡単な囲いをする。プランター表面に風が当たらないようにするだけで凍結が防止できる

↑12月中旬の姿、1回目の追肥

3 冬季の管理

用土の表面が乾いたら水やり

　タマネギは寒さに強く、生長は穏やかですが冬でも生育しています。とくに根は伸長しているので、乾かないように水やりをします。ただし、過湿はさけ凍結しないようにします。

追肥

　12月中旬と1月中旬に高度化成肥料をプランター1台当たり5gずつ与えます。さらに肥大が始まる2月中旬から3月末までは、1週間に一度、高度化成肥料の1000倍液を水代わりに2ℓ与えます。この追肥を施すことが、肥大がよいタマネギ作りのポイントです。肥料や水を切らすと、とう立ちしやすくなります。

4 収穫と貯蔵

葉タマネギの収穫

　2月中旬ごろから球は太り始め、3月中旬ごろに球径が数cmになります。タマネギは地際が肥大するので、土寄せは不要です。このころ収穫すれば、葉タマネギとして葉も利用することができます。この時期の葉は見かけ以上に柔らかくおいしく、球もタマネギ臭がなくサラダでも食べられます。ふつうのネギがとう立ちして硬くなる時期なので、ネギの代わりに使うこともできます。

　はじめから葉タマネギとして利用したいときは、苗の植え付けを5cm間隔で2条に植えたほうが、たくさん収穫できます。

←このサイズで収穫すると、球も葉も利用できる

↑葉が折れて倒れ、収穫期を迎えたタマネギ

葉が倒れたら本格収穫の適期

4月中旬、葉が倒れたら本格的に収穫します。極早生タマネギのみずみずしさを味わうためには、大きくなったものから少しずつ収穫すると良いでしょう。タマネギの根はしっかりと張っているので、引き抜かずに、球の下に包丁かハサミを入れて収穫します。引き抜くと根鉢が崩れてしまいます。

葉を切らずに日蔭につるす

収穫したタマネギを貯蔵するには、葉をつけたまま数株束ねて、雨の当たらない軒下などの日陰につるして干します。葉を切って収穫する場合は、球の上に10cmくらい葉鞘部を残して、ほかのタマネギと重ならないようにして軒下などに並べ、よく乾燥させてから貯蔵します。短く切って乾かすと、球の上部が腐りやすいので注意してください。

トマトの植え付けの準備

タマネギの収穫後は、水はけなどに問題がなければ、5月初旬にそのまま不耕起でトマトを植え付けます。植え付けまでに1週間以上余裕がある場合は、収穫後、基肥として苦土石灰20gとぼかし肥150gをプランターの表面全体にばらまき、表土3～4cmと混合しておきます。

←貯蔵するタマネギは葉を切らずに、つるして乾燥させる

Part 2 - 7 レンコン（ハス）⇨超極早生タマネギ

レンコン（ハス）⇨超極早生タマネギ　栽培カレンダー

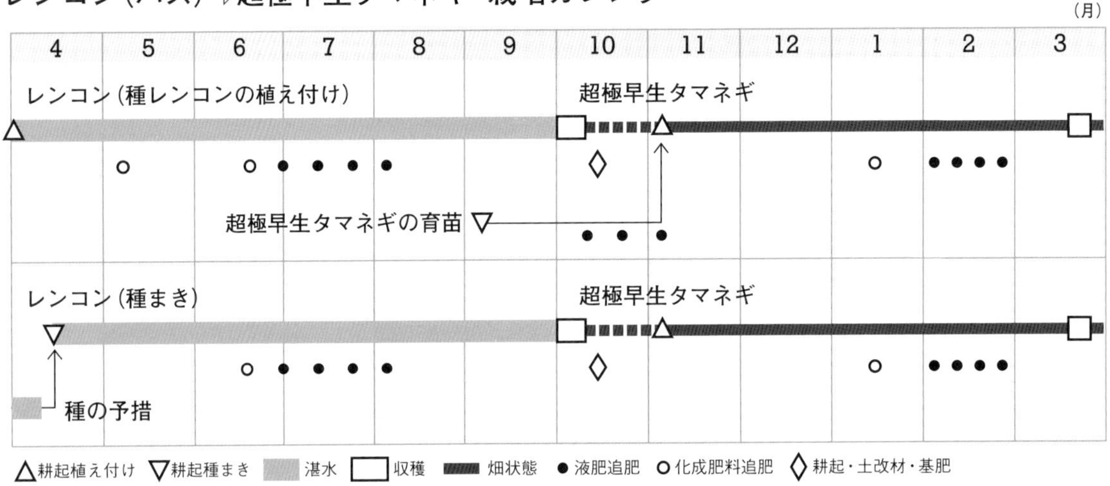

(月)

4	5	6	7	8	9	10	11	12	1	2	3
レンコン（種レンコンの植え付け） △						超極早生タマネギ □	△				□
	○	○ ● ● ●	●			◇			○	● ● ● ●	
		超極早生タマネギの育苗 ▽				● ●					
レンコン（種まき） ▽		● ● ●				超極早生タマネギ □	△				□
種の予措						◇			○	● ● ● ●	

△耕起植え付け　▽耕起種まき　■湛水　□収穫　■畑状態　●液肥追肥　○化成肥料追肥　◇耕起・土改材・基肥

　レンコンは「蓮根」と書きますが、ハスの根でなく地下にできる茎が太ったものです。お釈迦様の台座がハスの花であるように、インドが原産地で、沼地や田んぼ（蓮田）で栽培されています。レンコンには空気が通る穴が多数あり、「先を見通す」縁起物としてクワイのように正月のおせち料理に使われています。

　湿田などで栽培されたレンコンは、種レンコンの先にレンコンとなる地下茎が次ページ下の図のように三角形に分岐して広がり、その面積は約40m²にもなるといわれています。そのため、容器は直径が50cm以上、深さ40cmくらいの円形の容器が適しています。角のある容器では地下茎がコーナーをうまく回れないのです。

　私はあくまで、用土を湛水処理で再生し連作障害を防ぐことを主目的にして、レンコンを標準プランターで栽培しています。標準プランターでは、市販のレンコンのような大きさ・品質のレンコンは望めません。それでも、プランターで栽培したレンコンは小さくて硬いですが、料理方法を選べば食用にできます。私のおすすめは、輪切りにして揚げた「レンコンチップ」です。

　もうひとつ悩ましいことがあります。春になると養分を吸収する根（吸収根）がプランターの全体に伸びて根鉢ができます。その後、地下茎の先端がプランターの底部に潜り込み、ここで肥大してレンコンになります。このとき、根鉢が持ち上げられ、標準プランターで通常の用土量で栽培するとプランターの上部から根鉢が飛び出してしまうのです。

　そのため、標準プランターに入れる用土の量を通常の半部くらいに減らす必要があります。プランター1台当たり再生できる土の量が少ないので、標準プランター2台で栽培しないと、後作1台の再生用土が確保できません。

　ここではあえて標準プランター栽培する方法を紹介します。

レンコンの栽培

1 レンコンの後作の作物

超極早生タマネギやネギ、軟弱野菜

　レンコンの収穫は10月ですが、春の種レンコンの植え付けは3月下旬から4月上旬です。レンコンの後作で適した野菜は、3月中旬までに収穫が終わるものに限られます。多くはありませんが、ネギや極早生タマネギが候補です。極早生種の中でも3月末に収穫できる「フォーカス」（タキイ）や「春一番」（サカタのタネ）などの超極早生種が好適です。極早生タマネギでも葉タマネギとして利用すれば、レンコンの植えどきに収穫を終えることができます。簡単な保温用トンネルを作ればコマツナやミズナ、ホウレンソウなどの軟弱野菜を作ることも可能です。

　もちろん、エンドウやイチゴを栽培しても良いですが、それらの収穫の終わりが5月末〜6月初めとなり、レンコンを再度植え付けるには遅すぎます。そこで、エンドウ、イチゴの次に夏秋野菜を育て、2年で一回りする輪作体系をとると良いでしょう。たとえば、「レンコン→エンドウ→キュウリ→ネギ→レンコン」というような組み合わせです。

　レンコンの後作の超極早生タマネギの栽培法は、「6　トマト⇨極早生タマネギ」（80〜83ページ）を参照してください。種まきを9月初め、プランターへの移植を11月初めと少し前進させるだけで栽培法の基本は同じです。

↑10月中旬にレンコンを収穫し、古土に土改材と肥料を混入して2週間後の11月初旬にミズナの種をまく。ポリフィルムのカバーをつけて育てた2月中旬の姿

2 植え付けの準備

種レンコンの入手と保管

　インターネットなどで種レンコンを入手することができます。また、販売している食用のレンコンの中に芽のついたものがあった

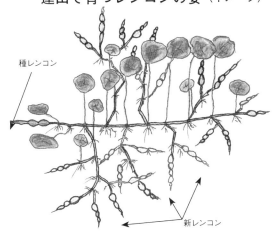

蓮田で育つレンコンの姿（イメージ）

↑八百屋で売られている食用レンコンの中で芽（矢印）のついたものを種レンコンにする

→ 7月中旬の姿

ら、これを購入して、種レンコンとすることもできます。

種レンコンの植え付け適期は3月下旬から4月上旬です。しかし、その時期に芽つきのレンコンが売られているかどうかわからないので、1月ごろから気に掛け、見つけたら早めに確保しておきます。

購入したら乾かないようすぐに、バケツなどの容器に畑の土と水を入れて湿田状態にして、この中に芽を損傷しないように注意して埋め込み、凍結しない場所に置いて保管します。容器をポリフィルムでカバーすると凍結しづらくなります。

標準プランターに用土を詰める

標準プランターの排水口にフィルター用のネットを置いて、畑土をプランター容量の半分くらい入れます。再生したい使用済みのプランターの土を使う場合は、標準プランターを用意して、用土の半分をそちらに移して、同じものを2台作ります。土を入れたら、排水口に外側からゴム栓をして湛水します。

3 植え付けと施肥

種レンコンの植え付け

3月下旬から4月中旬、あらかじめ準備しておいた種レンコンを、排水口のある側を底まで掘り、その中央部に、種レンコンの芽のあるほうを排水口の反対側に向けて置き、覆土します。芽が前方に伸びてレンコンになる地下茎となるからです。

植え付け後、水を入れて湛水状態にします。

6月中旬から8月初旬まで追肥

最初の葉の芽が水面に現れたら、高度化成肥料5gをプランター全体に散布し、表土と軽く混合します。初期に出てくる2〜3葉は、

生育初期のプランター内部

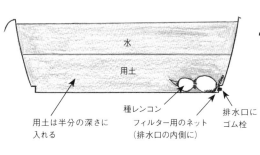

用土は半分の深さに入れる / 種レンコン フィルター用のネット（排水口の内側に） / 排水口にゴム栓

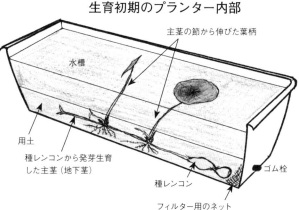

主茎の節から伸びた葉柄 / 水槽 / 用土 / 種レンコンから発芽生育した主茎（地下茎） / 種レンコン / フィルター用のネット / ゴム栓

水面の上に立ち上がらず、水面に浮かぶ浮葉です。その後、長い葉柄（ようへい）の葉が水面より上まで伸びてきます。

6月中旬ごろから葉の生長が急速に旺盛になり、7月にはつぎつぎと新葉が立ち上がり、背丈はだんだん高く、より大きな葉をつけていきます。

生育が盛んになる6月中旬に、さらにもう一度高度化成肥料を5g与え、その後は2週間おきに高度化成肥料の1000倍液肥を2ℓ水やり代わりに8月初旬まで与えます。水を切らさないよう、プランターの上部までためて育てます。

プランターには角があるので、もし、栽培の初期に茎の先端が角をうまく回り切れず地上に出たときは、手でプランターの底部に向きを変えてやります。

4 収穫と種レンコンの保存

葉が枯れたら収穫

8月中旬ごろ、レンコンが肥大し根鉢が上に盛り上がり、水深が浅くなってきます。ちょうどこのころ、新葉の発生も見られなくなります。9月の中旬ごろから葉色が急に黄色に変化し始め、9月末には枯れ葉が目立つようになります。10月初旬に葉が枯れたら収穫します。

プランターを逆さにして根鉢を取り出します。地下茎とレンコンはプランターの底のほうに偏在していて、その部分には土はなく、根がびっしりと張っています。茎とレンコンを取り分け、細根が絡んだ土はスノコをセットしたプランターに戻し、しばらく放置して水分を抜いてから、次作に合った土に調整します。

次年度用の種レンコンを保存する

収穫したレンコンの中から、色・形の良い芽をもった70〜100gくらいの新レンコンを選んで、湛水した畑土の中に埋め込み、来春の植え付けまで保管します。

↑収穫時の根鉢、上がプランター底部

↑根鉢から取り分けたレンコン

↑しっかりした芽のついた種レンコン

次作用の用土の調整

標準プランターでレンコンを栽培した2台分の用土に、苦土石灰30g、堆肥0.5ℓ、ピートモス0.5ℓ、バーミキュライト0.5ℓ、モミガラくん炭0.5ℓ、ぼかし肥100gを入れて混合します。プランターの定位置にスノコを入れ、この調整した用土を詰め、2週間以上おいてから次作の栽培を始めます。ただし次作にエンドウを栽培する場合は、ぼかし肥は発芽後に入れます。

種からのレンコン栽培

レンコンは種から育てることもできます。ただし、市販品の大きさにするのに3年かかります。標準プランター栽培では、1年で、種イモからスタートしたものとほぼ同じ大きさに育ちますが、いずれも小型のサイズのレンコンしかとれません。

種（ハスの実）の入手

レンコンの種はあまり一般的でないので、街の園芸店での入手は期待できませんが、インターネットのオンラインショップで購入できます。多くは観賞用の「花ハス」の種ですが、「食用ハス」の種も購入できます。

種の予措

ハスの実は厚く硬い外皮に覆われているので、吸水しやすいように前処理をします。4月に入ったら、この硬い皮の一部をヤスリかサンドペーパーで、中身が少し見えるくらいに削ります。削る場所によって発芽日数に少し差が出ますが、せいぜい2～3日の差です。削りやすい場所を削って、淡褐色の栗の渋皮のような薄皮が現れたら、そこでやめます。その皮は薄いので、さらに少し削ると白い中身が見えますが、それ以上は削ってはいけません。削る場所によっては胚芽を傷つける恐れがあるからです。

この種を直接プランターにまいても良いのですが、屋外はまだ寒いので発芽に時間がかかります。ガラスコップなどの容器に水を入れ、種を浸漬し、居間などの暖かい場所に置くと5～8日くらいで発芽します。さらにしばらく室内に置いて、芽の長さが数cmくらいに伸びてからプランターに植え付けます。

プランターを準備、発芽した種を植え付ける

まず前述（86ページ）のようにプランターを準備します。発芽させた種を、準備したプランターの中央部に芽部が横向きになるように、土の表面から3cmくらい下に植え込みます。

高度化成肥料5gをプランター全面にばらまき、表土と混合します。以降の管理は先述の種レンコンからの栽培と同じです。

↑発芽したレンコンの種

➡発芽した種の内部

↑これくらい芽が伸びたときに、このように横向きに植え付け

↑発芽して数枚の葉は浮葉となる

↑種から育てたレンコン。プランターをブルーシートの上でひっくり返し取り出した根鉢。レンコンがプランター底部に集まっている

↑7月中旬の姿、種レンコンから育てたものと大差ない

晩生・中晩生タマネギ⇨ササゲ⇨湛水

晩生・中晩生タマネギ⇨ササゲ⇨湛水　栽培カレンダー

| 9 | 10 | 11 | 12 | 1 | 2 | 3 | 4 | 5 | 6 | 7 | 8 | 9 |（月）

▽不耕起種まき　▽耕起種まき　△耕起植え付け　■湛水　□収穫　━畑状態　◇耕起・土改材・基肥　◆不耕起基肥
● 液肥追肥　○化成肥料追肥

　収穫時期が5月末〜6月初めとなる晩生、中晩生タマネギの後作は、5月上旬が植え付け適期のトマトやナスなどの果菜類は向いていませんが、ササゲとうまくリレーできます。豆類のササゲは連作を嫌うので、9月に収穫が終わった後1ヵ月ほど湛水して土を再生し、11月初めに晩生タマネギを植え付けます。晩生タマネギを5月中旬に収穫し、不耕起でササゲをまくと、サヤインゲンの収穫が終わった後、タイミングよくサヤササゲの収穫を開始でき、家庭菜園向きです。

　ササゲはアジア・アフリカの原産で、中南米原産のインゲンと比べると暑さに強く寒さには弱く、インゲンより真夏でもサヤつきが良いので、日本の夏場に威力を発揮します。

　スタートは、ササゲでも晩生タマネギからでも良いのですが、庭土やトマトなどの古土を用いて、まず湛水処理して用土を再生し、タマネギ苗を植え、翌年の6月初めにササゲを不耕起栽培する輪作を紹介します。晩生タマネギの栽培方法は、80〜83ページで記載した極早生タマネギと種まき時期や収穫時期の違いはありますが基本は同様です。ここでは異なる部分だけを述べます。

晩生・中晩生タマネギの栽培

1　湛水し用土を再生

1ヵ月半前に湛水処理を開始

　晩生タマネギ苗の植え付け時期は11月中旬です。市販の培養土なら湛水処理の必要はありませんが、畑土やプランター栽培の使用済みの用土を使う場合は、遅くともその1ヵ月半前の10月初めまでに湛水処理を開始します。

　湛水処理法は前述（8〜10ページ参照）したとおりです。

　10月末に排水口側が低くなるようプラン

ターの端に枕をかませ、プランター内の水をすべて排出します。

水が切れたら、ブルーシートなどの上に用土を取り出し、水分が多く土がべたつくときは広げて乾かします。天気の良い日であれば1日で扱いやすい状態になります。苦土石灰30g、堆肥0.5ℓ、ピートモス0.5ℓ、バーミキュライト0.5ℓ、モミガラくん炭0.5ℓとぼかし肥150gを入れて混合します。プランターにスノコをセットして、再生用土を入れ、2週間放置します。

2 育苗

種まきは極早生品種より少し遅い9月中旬

晩生タマネギの種まき適期は、気候的に中間地では9月中旬の少し前、暖地では少し後ろです。極早生タマネギより1週間くらい遅くまきます。種まきの最適期間は数日と短いので注意してください。後は極早生タマネギと同じ栽培法方法（80～83ページ参照）です。

3 植え付けと冬期の管理

極早生品種より種まきが遅い分、苗の植え付けも遅れ、11月中旬が適期です。また肥大開始も1ヵ月から1ヵ月半遅れます。葉が大きく育つよう3月初めから4月初めまで、1週間に一度、高度化成肥料の1000倍液を水代わりに2ℓ与えます。球の肥大が始まる4月上旬からは追肥はしません。

そのほかの栽培法は極早生タマネギに準じて行ないます。

4 収穫

極早生タマネギに比べ、球が太り始める時期は2ヵ月くらい遅く、4月に入ってからになります。球が少し太り始めたとき、葉タマネギとして収穫することもできます。本格的な収穫は葉が倒れる5月末～6月初めになります。

極早生タマネギと同様に、根鉢を崩さないよう、球の下に包丁かハサミを入れて根を抜かずに収穫します。乾燥方法も極早生タマネギと同様です。後作のササゲは不耕起でまくので、収穫後は表面を整地するだけです。

↑標準プランターで育苗した移植適期の晩生タマネギ（上の条が「竜王」、下が「猩猩赤」。（共にタキイ）。用土はプランター古土を湛水処理した再生用土を使用

→葉が倒れた赤タマネギの収穫直前。品種は中晩生の「猩猩赤」（タキイ）

ササゲの栽培

1 種まき

6月初めに不耕起で2ヵ所にまく

ササゲは暑さには強いですが寒さには弱いので、早まきすると発芽しなかったり、発芽しても霜でやられやすいので、6月に入って暖かくなってからまきます。

晩生・中晩生タマネギを収穫後、不耕起でササゲの種をまきます。根の張り方や根量は、下の写真のように極早生タマネギとほとんど同じく、ひげ根がビッシリ張っています。

基肥は発芽後に施すので、何もせずに、30cmの間隔をとって径4cm、深さ1cmの穴を2ヵ所開けて、1ヵ所に3、4粒まいて覆土します。

⬇プランターから取り出した晩生タマネギの根鉢。この根鉢に不耕起でササゲの種をまく

2 発芽後の管理

発芽後、基肥を施す

ササゲはふたつに割れた種（子葉）を持ち上げるようにして発芽し、双葉状の最初の本葉（初生葉）が開き、次に小さな葉を3枚つけた本葉が伸びてきます。

子葉が出そろったら、苦土石灰20gとぼかし肥100gを株の周りを除いて散布して、表土2～3cmと混合します。タマネギの根はプランターの表面近くにはないので、簡単に混合できます。

双葉状の本葉が開いたら1ヵ所2本に間引く

双葉状の本葉が完全に展開し、3枚の小葉をもった本葉が少しのぞき始めたら、いらないものを根際で切り取って1ヵ所2本に間引きます。

⬆発芽後基肥を施し、双葉状の本葉が開いたころに1ヵ所2本に間引く

本葉3～4枚で1本に間引き支柱を立てる

本葉が3～4枚展開したら1ヵ所1本に間引き、日当たりの良い場所に置いて、支柱を立てネットを張ります。

葉に十分日を当てるためには、プランター1台当たり幅1m、高さ1.8mくらいの面積のネットが必要です。プランターの前と後ろに1株ごと2本ずつ、4本頑丈な支柱を立て、各支柱の先端部を横棒で固定し、キュウリネットを張ります。しばらくするとツルが支柱やネットに絡みながら上に伸びていきます。

ツルが支柱の上に達したら摘芯

ツルが支柱の先端部まで伸びたら、先端を摘んで摘芯します。すると脇芽が伸びてきます。自分でネットに絡むツルもありますが、ネットのないほうに伸びるものはネットに絡むように誘引してやります。

花が咲いたら液肥追肥

7月下旬、花が咲き始めたら、高度化成肥料の1000倍希釈液肥を1週間に一度、1ℓを水やり代わりに与えます。このころには葉はネットの全面を覆うくらい繁茂するので、水の蒸散量も多くなります。朝晩2回の水やりが必要になります。

ササゲは暑さと乾燥には強いのですが、プランター栽培ではわらを敷き、プランター自体に直射日光が当たらないように、寒冷紗などでプランターを覆うなどして、日よけします。

◀支柱に絡みながら伸びるササゲ。敷わらを敷き、銀色寒冷紗でプランターを覆って高温防止する。品種は「十六ササゲ」(サカタ)

タマネギの後作のササゲは、なぜか本葉の2〜3枚目が奇形に？

タマネギの後作のササゲは、最初の双葉状の本葉はきれいに展開しているのに、次に出てくる小葉3枚の本葉の1枚目、多いときは3枚目までが、あたかもウイルス病などにかかったように縮れた奇形の葉になることがあります。しかし、そのまま育てるとそれ以降、早いときは2枚目以降遅くとも4枚目からは正常な形の葉が展開するので心配はありません。

この現象はタマネギの後作のインゲンにも同様な現象が見られることから、前作のタマネギが次作の豆類に一時的に何らかの生理的な影響を与えたと思われます。キュウリの後作に不耕起でまいたササゲにはこの現象は現れません。

⬆タマネギの後、不耕起でササゲを育てると本葉の2〜3枚目が奇形となる。しかしその後展開する葉は正常になり実害はない。このころに1本に間引く

➡キュウリの後、不耕起でササゲの種をまき、本葉が展開した姿。奇形は見られず本来の姿

⬆1回目の2サヤが大きくなり、2回目の花(矢印)が咲いた花柄

3 収穫

ササゲは各葉の葉柄(ようへい)基部から長い花柄(かへい)が伸び、その先端にまず花が咲き、2サヤつきます。サヤササゲの収穫適期は子実がやや膨らみ始めたときです。サヤの生長は結構速く、遅れるとサヤが硬くなるので毎日収穫します。

このふたつのサヤササゲを収穫すると、花柄の先端がわずかに伸び、さらに花が咲き2サヤつきます。最初の2サヤを収穫する際には、花柄を傷つけないようにサヤだけをハサミで切ります。花柄と一緒に切ったり、花柄の先端部に傷を付けると2回目の収穫ができなくなるので注意してください。

4 収穫後の湛水処理

ササゲの収穫を9月中旬に終えたら、地上部を根際から切り取り、排水口にゴム栓をして水を張ります。水の蒸散とボウフラ発生を防止するためにポリフィルムでカバーをして1ヵ月間放置して湛水処理をします。

1ヵ月後には、根元の少し太い根を除いて根の腐食が進み、あんなに頑強であった根鉢も簡単に崩れ、たくさんあった根粒も腐って跡形もありません。

その後、前述(90ページ参照)のように、肥料、土改材を混入し、その約2週間後、11月中旬に再度、晩生タマネギを植え付けます。

ササゲの根鉢

畑ではササゲの太い根が四方八方にかなり広範囲に伸びますが、狭いプランターの根鉢はどのようになっているのか、ササゲの根鉢を調べてみました。

プランターをひっくり返して根鉢を取り出してみると、プランター面に接していた部分にも細根をもった根が張っていますが、思ったほど多くありません。

前作のタマネギの根はやせ細り褐色に変化し、針先で取り出そうとすると簡単に切れるほど分解がかなり進んでいます。

次に、根鉢を包丁で切断して、プランター内部の断面を見ると、太い根の断面に見えたものは、よく見るとそれは根粒菌の断面でした。太い根は少なく、根粒菌のついた細い根がプランター全体に張り巡らされていました。標準プランターで栽培しても、畑にも劣らない収穫ができるのは、このような細根群の力でしょう。

⬆ササゲの収穫後の根鉢。根がプランターの壁部にはあまり密集していない

⬆切断し水で洗い流した根鉢の断面。太い根は意外に少なく、細い根がびっしり張り巡っている。根粒菌がたくさんついている

Part 2
9 ショウガ⇨湛水

ショウガ⇨湛水 栽培カレンダー

(月)

4	5	6	7	8	9	10	11	12	1	2	3

△耕起植え付け　▨湛水　□収穫　■畑状態　◇耕起・土改材・基肥　◉化成肥料追肥・増し土　●液肥追肥　▨▨▨マルチング

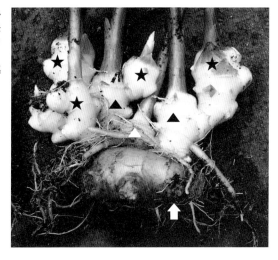

➡収穫したショウガの1株。下の黒っぽい小さいのが種ショウガ(⇧)。種ショウガの中央の親ショウガ(△)から2個の子ショウガ(▲)ができ、その子ショウガから1〜3個の孫ショウガ(★)ができている。孫ショウガにはひ孫ショウガが伸び出している

　熱帯アジア原産のショウガは、高温を好みますが乾燥を嫌います。畑で栽培したときは、日当たりの良い場所よりも、サトイモの北側の夏の強い西日が当たらない場所、あるいは太陽が高い位置にくる夏場は2〜3時間だけ日が差し込む日当たりが悪い場所のほうがよく育ちました。

　ところが、ショウガは連作を嫌うので、小さな菜園ではそんな適した場所を毎年やりくりするのに困りました。そこで、移動が容易なプランター栽培でショウガを作り始めました。4月中旬から梅雨までは日当たりの良い軒下近くで育て、梅雨が明けるころから、午前中だけ日が当たり、午後からの直射日光は当たらない場所に移動します。プランター栽培なら、収穫、湛水処理が容易にできるので、ショウガを同じプランターで連作することができます。

　ただし、ショウガは種ショウガの上に親ショウガ、子ショウガ、孫ショウガと3段にできるので、標準プランターでは深さが足りません。植え方や増し土など、ちょっと工夫が必要です。

ショウガの栽培

1 植え付けの準備

有機質を多く混ぜて用土の準備

　初めて栽培を開始するときは市販の野菜用培養土を購入します。有機質成分の多く入ったものがショウガ栽培には好適です。自分で調合して作る場合は、赤玉土（小粒）6ℓ、腐葉土3ℓ、ピートモス1ℓ、苦土石灰を20gとぼかし肥100gの割合で混合し、必要な量の土を作り、1週間以上熟成させます。もし、ミミズがいれば2、3匹入れておき、それがすみ着けば、ショウガ栽培に適した用土です。

2 種ショウガの調達と催芽

5月初めに芽出し種ショウガを購入

　5月の連休のころに、種ショウガが種苗店や農業資材を扱う量販店で販売されるので、これを購入します。シワがなく、肌に張りがあり、できれば白い小さな芽のついているものを調達します。

4月中旬に食用ショウガを購入

　種ショウガのお値段は結構高いので、私は、食料品店で販売されている中国産の割安な食用ショウガを購入し、催芽して発芽を確認してから植えています。食用ショウガの購入は4月以降です。寒さに弱いため、気温が低いと腐りやすいからです。逆に購入が遅れて植え付けが遅くなると、生育期間が短くなり新ショウガが十分に育ってくれません。そこで食用ショウガの購入時期は4月中旬くらいが妥協点です。

　購入する際には、ショウガの切り口がきれいな黄色であることをチェックしてください。褐色になっているものは種ショウガとしては不合格です。

1個80〜100gに割って乾かす

　購入したショウガが大きな塊であれば、1個の重さが80〜100gになるよう、くびれた部分を手で割って必要な数の種ショウガをそろえます。ハサミでショウガの中の繊維を強引にカットすると、催芽中に腐りやすくなります。

　サイズの調整が終わったら、風通しの良い場所に重ならないように置き、ときどきひっくり返して2〜3日間ショウガの切り口の表面を乾燥させ、腐敗を防ぎます。

保温プランターに仮植えし催芽

　芽の出ていないショウガを植えると、暖かい時期でも芽が出るまでに1ヵ月もかかり、その分、新ショウガが育つ期間が短くなってしまいます。そこで、仮植えして保温し、催芽（芽出し）を行ないます。

　プランターにスノコをセットし、そこに1cmくらいの厚さに土を入れ、その上に種ショウガをお互い同士がくっつかないように、横に寝かせて並べ、ショウガの上部に3cmくらいかぶるよう土を追加します。ジョウロで

↑白い芽（矢印）が出て催芽を終えた種ショウガ

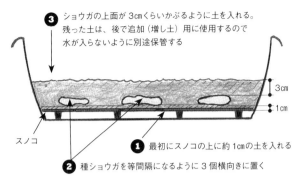

たっぷりと散水し、プランターの上部に透明ポリシートをかぶせ、できるだけ密閉するように周りをヒモで縛り、日当たりのよい暖かい場所に置きます。

日中、ポリシートの内面が結露して曇っていることが重要です。もし、日が当たっているにもかかわらず、ポリシートが透明で中の土が見える場合は、土の水分が少ないかシートの密閉性が悪いので、再度散水しポリシートを掛け直してください。

2～3週間で種ショウガの表面に白い芽が出てきます（上写真参照）。通常1個のイモに1個の芽がつきます。たまに、2～3個つきますが、そのまま本植えしても、そのうちのどれか1芽だけが大きく成長し、他は退化するので心配ありません。

催芽に使用した土は次の定植用土にしたり、ポリ袋に入れて保管して、後日行なう増し土に使うことができます。

3 定植

プランターの3分の1のスペースに浅く植える

5月初旬に白い芽が出ていることを確認し、定植します。

標準プランターのスノコを入れ、その上に1cmの厚さに準備した土を敷き詰め、種ショウガを3個、20cm間隔に、催芽のときと同様、横に寝かせて置きます。このとき芽と芽が20cmの等間隔になるように位置を調整し

ます。底土を1cmと薄くしたり種イモをあえて横向きに植えるのは、浅いプランターで新ショウガが育つスペースをできるだけ多く確保するためです。

次にショウガの上部に3cmくらいかぶるように用土を入れます。残りの空間は新ショウガの育ちに合わせて、2回行なう増し土のスペースです。決して、プランターの上部まで用土を入れてはいけません。

残りの増し土用の用土はポリ袋に入れて保管します。これが浅いプランターでズングリムックリな形のショウガを育てるポイントです。もし、最初からプランターの上部まで土を入れて育てると、細長く筋っぽい部分が多い新ショウガになり、しかも上部が用土から出て日が当たり、そこが緑色に変色してしまいます。

定植後プランターを日のあたる、暖かい場所に置いて育てます。

4 増し土と追肥

子ショウガの芽が伸びてきたら1回目の追肥・増し土

7月中旬、1個の種イモから1本の親茎が伸び、5～6枚の葉が展開すると、根元から子ショウガの芽が伸びてきます。このタイミングで1回目の追肥・増し土をします。

まず、高度化成肥料10gを3株の根元は避けてプランターの全面にばらまき、その上に保管しておいた用土を3cmくらいの厚みに追

↑6月中旬、親茎が1本ずつ伸びてくる

↑1回目の増し土をした直後。午前中の日当たりは良いが、午後になると直射日光は当たらない場所に移動する

↑8月中旬、2回目の増し土後、敷きわらをしたショウガプランター

加します。この増し土の中で子ショウガが肥大してきます。

この時期は梅雨の終わりごろで日差しが強くなるので、午前中のみ日が当たり、午後は陰になるような場所にプランターを移動します。また、ショウガは乾燥を嫌うので栽培期間をとおして水やりを励行します。とくに梅雨明けからは葉も茂り、水分蒸散量が急に多くなるので朝晩の水やりが必要です。

8月中旬に2回目の追肥・増し土

子ショウガの芽が生長して5〜6枚の葉を展開する8月中旬、その根元から次の孫ショウガの芽が顔を出してきます。そこで前回同様、高度化成肥料10gを与え、残りの用土をプランターの縁近くまで増し土します。

乾きにくくなるよう、その上に落ち葉や、わらを敷いてマルチングします。刈り取った雑草や作物の残渣（ざんさ）、たとえば枝豆の茎葉を数日炎天下で干し、マルチング材としてもよいでしょう。

5 収穫

9月以降であればいつでも収穫可能です。早取りは収量が少ないですが軟らかいショウガを食べることができます。標準プランター栽培では、あまり遅くまで置くと最後の孫ショウガにヒビが入ることがあるので、10月初旬から中旬に収穫することをおすすめします。

収穫したてのショウガの芳香は強くみずみずしく、私は収穫したらすぐに、紅ショウガ、

↓プランターから茎を持って根鉢ごと取り出す

↑1台のプランターから収穫した3株のショウガ

↑収穫したショウガ。下の褐色のショウガは種ショウガ

ガリなどに加工します。また、ふつうに利用するショウガは、水洗いした後、料理でよく使う「ひとかけ」サイズにカットし、急速冷凍し保存しています。使用直前に取り出し、冷凍したまますりおろせば、とれたてのあの芳香を失いません。

6　湛水処理で用土の再生

湛水処理で病原菌を退治

収穫後、取り出した用土をプランターに再び入れ、側面下部にある排水口に栓をし、用土がひたひたに浸かる程度に水道水を入れます。この湛水状態を保って翌年の2月末まで放置しておきます。ポリフィルムで上面をカバーしておくと、その後は水やりも不要になります。

3月初めに排水すると、少し「どぶ臭」がする水が出てきます。これは容器の中が嫌気性の状態になっていた証拠です。ショウガの生育期間に主流をなしていた好気性の病原菌などが死んで、代わりに嫌気性の菌が増殖した結果です。排水した直後は土の水分が多くてべたつき、作業性が悪いので、そのまま2～3週間、雨水が入らないように放置して乾かします。

腐葉土とぼかし肥から善玉菌を取り入れる

3月下旬に湛水処理し少し乾かした土をプランターからブルーシートの上に取り出し、苦土石灰30g、腐葉土3ℓ、ぼかし肥100gを入れて、全体をまんべんなく混合します。再度土をプランターに戻し、種ショウガを植え付けるまで1ヵ月余り放置しておきます。こうすることで、ぼかし肥に含まれる善玉菌が繁殖し、湛水処理で壊れた団粒構造も再生されてきます。

その後は前述と同じ方法で、5月初旬に種ショウガを植え付けます。

↑湛水処理中のプランター

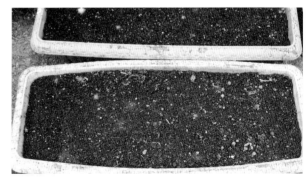

↑腐葉土とぼかし肥を混ぜ放置しておくと、善玉菌のカビが表面に見えるようになる

Part 2　10　ナガイモ⇨湛水

ナガイモ⇨湛水　栽培カレンダー

(月)	4	5	6	7	8	9	10	11	12	1	2	3
ナガイモ	△								□収穫	湛水		◇
支柱立て		―		●●●●●								

△種イモの植え付け　湛水　□収穫　畑状態　◇耕起・土改材・基肥　●液肥追肥

長さ50cm以上にもなるナガイモも、パイプ栽培なら標準プランターで栽培できます。ナガイモは基本的には忌地現象はありませんが、ウイルス病とセンチュウに侵される連作障害が起こります。ウイルス病は媒介するアブラムシを寄せ付けなければ防ぐことができます。それにはチッソ肥料の過剰投与を避けるに尽きます。センチュウは湛水すれば死滅するので、収穫後に湛水処理すれば連作できます。

4月初めに植え付け、11月下旬～1月中旬に収穫し、3月中旬まで湛水処理をします。

ナガイモのプランターパイプ栽培

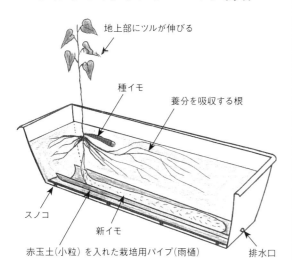

地上部にツルが伸びる／種イモ／養分を吸収する根／スノコ／新イモ／赤玉土（小粒）を入れた栽培用パイプ（雨樋）／排水口

ナガイモの栽培

1　栽培用パイプの準備

底にパイプを設置し、新イモを誘導

ナガイモは、まず種イモから芽が伸びて地上部にツルを伸ばします。少し遅れてその芽が伸びた種イモの部分から、真下に新イモが伸び始めます。養分を吸収する根も何本も伸びてきます。ナガイモは種イモがさらに太って大きくなるのではありません。ジャガイモと同様に、種イモはツルと新イモに栄養分を送り、自身は委縮してその役割を終え、生命は新イモに引き継がれます。

新イモは先端が硬いものに触れると、それ

を避け、さらに低いほう、低いほうへと成長する性質があります。この性質を利用して、硬い材質でできた栽培用パイプを、種イモの直下のプランターの底に設置しておけば、新イモはその中に誘導され、パイプの中で横向きのまま肥大します。パイプを設置せずに栽培すると新イモが分岐し、いびつになります。パイプの下にスノコを入れると湿害がなくなり、まっすぐな良品が収穫できます。

ナガイモ栽培パイプは市販もされていますが（クレバーパイプ）、長さが1mあり、短いものはありません。そこで、市販の雨樋をちょっと加工して栽培パイプを作ります。一度作れば長年にわたって使用できるで、極めて便利です。

栽培用パイプの作り方

まず、ホームセンターなどで一般に販売されている価格の安い硬質塩ビ被覆鋼板製の雨樋（半円形の軒樋）の径100mmのものを購入し、標準プランターの底部の中央にぴったり入る長さ、55cmにカットします。このままで使用しても良いのですが、ひと手間かけて新イモが太る部分を丸め筒状に加工します。パイプの中には肥料分のない新しい赤玉土（小粒）を入れますが、このように丸めると用土量を少なくでき、新イモに一定の圧力がかかるので粘り気の強いイモができます。次の手順で加工します。

① 切り取った雨樋の端から約10cm、中央から4cmくらいの位置に径3～4mmくらいの穴を、左右対称に2ヵ所開ける。

② 金切りバサミで、図のように穴に向けて切り込みを入れて、三角形の窓を両側に作る。
③ 加工した樋を少し傾斜させて、そこに沸騰したお湯を約1ℓ、やかんでゆっくりと流す。
④ 温まったら、やけどをしないよう軍手をはめて、樋の両サイドをくっつけて筒状にする。
⑤ この状態で水をかけ急冷し、筒状の形状に固定する。

2 用土と種イモの準備

パイプの中には山土か赤玉土を

有機物や肥料分の入っていない山土が適しています。有機物や肥料分がある土で栽培すると分岐したり、イモ肌が汚くなります。市販されている粒子の細かい赤玉土（小粒）も好適です。2年目からはこの赤玉土を湛水処理をして使うことができます。

プランター全体に入れる培養土

最初の年は、市販の培養土か、赤玉土（小粒）10ℓに、よく腐熟した腐葉土3ℓ、ピートモス1ℓ、苦土石灰20g、ぼかし肥100gの割合で混合し、2週間以上放置してよくなじませた用土を使います。2年目からは、湛水処理した再生用土を使います。

↑雨樋（硬質塩ビ被覆鋼板製）で自作した栽培用パイプ

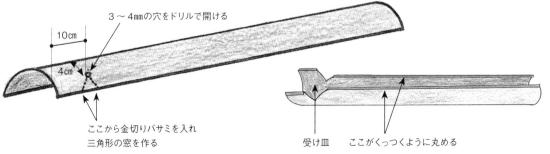

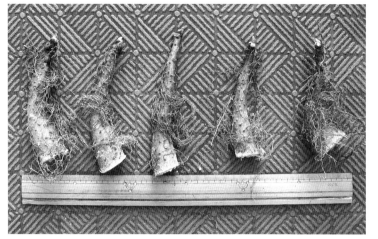

⬆前年収穫したイモの頂芽部40gを、新聞紙に包んでポリ袋に入れ保管しておいた種イモ。保管中に頂芽(先端の白い部分)が動きだしている

⬅数年繰り返し栽培したナガイモの頂芽部

種イモの調達

プランター栽培には、短形種の「ねばりいも」「だるまいも」「トロフィー1066」「短尺イモ」などの品種を選びます。

最初の年はこれらの市販の種イモを購入します。次の年からは、収穫物の頂芽部を40～50gに切り、種イモにします。切り口に消石灰を付け、乾燥しないよう新聞紙に包んでポリ袋に入れ暖房のない室内で保管しておきます。暖房した部屋だと2月ごろに芽が伸びてきてしまいます。また、ツルにできるムカゴを肥培し、それを種イモにすることもできます（104～105ページ参照）。

頂芽部でなく食用の胴部を40～50gに切って種イモ（切りイモ）にすることもできますが、どこから芽が出てくるかわかりません。芽出しをして芽の位置を確認しないと、パイプ栽培はできません。

そのほかに準備するもの

○標準プランター
○黒色の寒冷紗（20×50cm）
○カーテン生地などの透水性の良いポリエステル製の布（50×60cm）
○下着の古着など、綿製の布（約15×15cm）
○レンガ、またはブロック1個
○麻ヒモとポリエチレン製のヒモ
○薄いポリシート（10×45cm）

▶3 種イモの植え付け

栽培用パイプに赤玉土（小粒）を詰める

4月初めに種イモを植え付けます。まず栽培用パイプに用土を入れます。パイプ用土には肥料分は必要ないので、赤玉土（小粒）を使います。2年目からは、これを湛水処理して使います。

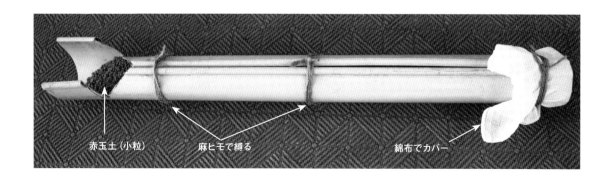

赤玉土（小粒）　麻ヒモで縛る　綿布でカバー

パイプの接合部を隙間がないように麻ヒモで縛ってくっつけ固定します。パイプに土を入れたときにこぼれないように綿布（15×15㎝）でパイプの尻部の先端を覆い、麻ヒモで固定します。麻ヒモは栽培中に分解するので、パイプの中でイモが成長するに伴い、パイプの接合部が開きます。

　次に、パイプの中に赤玉土（小粒）を入れ、パイプを立てた状態で10㎝くらいの高さから数回タッピングをして詰め、赤玉土を追加しパイプの中を満杯にします。充填が終わったら、開口部からジョウロで水を入れて赤玉土全体を湿らせます。

栽培用パイプをプランターにセット

　プランターにスノコをセットし、その上に1㎝くらい培養土を入れ、中央に栽培用パイプを接合部が真上を向くようにセットします。必ず受け皿側を排水口側の反対の向きに入れます。栽培中に肥料分がパイプの隙間からパイプの中に入り込まないように、接合部の上に薄いポリシート（10×45㎝）をかぶせます。

　次にパイプがちょうど隠れるくらいまで培養土を入れ、パイプの両サイドの培養土を手のひらで押さえ、パイプが動かないように十分に鎮圧します。終わったら残りの土を通常のやり方でプランターの上部まで入れます。

種イモを植え付ける

　栽培用パイプの受け皿側の中央を、種イモに4～5㎝の覆土できるように、植え穴を掘り、種イモの白い発芽点の位置が受け皿の中央の上にくるように種イモを寝かせて植えます。新イモは、発芽点から垂直に下に伸びるからです。ここがポイントです。種イモの向きは、どんな向きでもかまいません。

　頂芽部の種イモは、その先端の頂芽から発芽するので芽の位置がわかります。頂芽のない種イモや発芽点がはっきりしない切りイモなどは、いったん同じプランターか別の空容器に仮植えし、発芽してから掘り出して植え直します。植え位置が決まったらイモ全体が安定良く座るように置き、埋め戻します。

黒寒冷紗と透水性の布で上部をカバー

　種イモの発芽する部分をはずし、雑草防止・高温防止のため黒色の寒冷紗、その上に散水時に用土が流れないようにポリエステル製の透水性の布（50×60㎝の古カーテンなど）でカバーをかけ、ポリエチレン製のヒモで縛り固定します。

プランターに傾斜をつけて設置

　プランターの理想的な設置場所は、プランター本体には直射日光が当たらず、葉には十分日光が当たるところです。たとえば、庭木の下にプランターを置き、ツルを樹冠のほうに誘引するのも一法です。庭木にツルを絡ませたくない場合やそのような場所がない場合は、高さ1.8～2mくらいの支柱を立て、幅80㎝、高さ180㎝くらいのネットを張り、その下にプランターを設置します。

種イモの植え付け

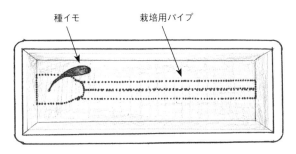

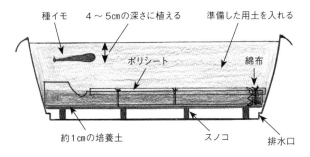

⬆︎支柱を立てネットを張り、その下にプランターに傾斜をつけて設置する

4 収穫までの管理

8～9月に液肥を追肥

植え付け後は、乾燥しないように水やりする以外は何もありません。茎葉が繁茂しイモが肥大し始める8～9月に、1週間に一度、高度化成肥料の1000倍液肥をプランター1台当たり1ℓを水やり代わりに与えます。

大型のイモムシに注意

7月中旬から9月にかけ大型のイモムシ（キイロスズメの幼虫）に葉を食われることがあるので注意してください。大きくなると食欲旺盛で一晩で葉を食いつくし、ツルだけになって気がつくこともあります。早めに小さなうちに発見し捕殺します。葉が食われて葉柄（ようへい）だけになったものを1本でも見つけたときや、ツルの真下の地上部に、オシロイバナの実のような黒くてしわのある糞を見つけたときは、必ずツルのどこかに、角を生やした淡緑色や褐色のイモムシがいるはずです。

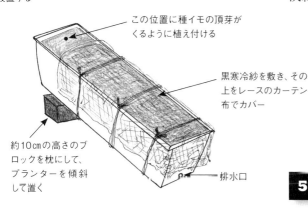

⬆︎キイロスズメの褐色型幼虫、下はその糞

5 収穫

地上部が枯れるまで待って収穫

晩秋に地上部が枯れて、根際のツルを手で簡単に切り離すことができるようになれば、収穫できるサインです。まだ葉が青いうちに早く収穫すると、イモをすりおろしたときにすぐに黒っぽく変色してしまいます。湛水処理で用土を再生するため、1月中旬までに収穫します。

設置場所が決まったら、プランターのイモを植え付けた側の底面が地上から10㎝くらいの高さになるよう、ブロックかレンガを枕にしてかませ、プランターがぐらぐらしないように固定します。プランターにこのような傾斜をつけることは、新イモを栽培用パイプに適正に導き入れるために極めて重要です。新イモは低い方向に伸びていくからです。

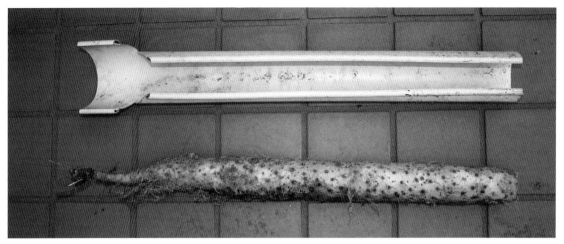

↑収穫したナガイモ

　プランターの底にある栽培パイプを取り出すとき、頂芽部を折ったり、傷を付けないよう、シャベルなどで土を取り出し、パイプを掘り出します。そして、パイプの中の赤玉土が全体の土と混合しないように分別すれば、赤玉土は肥料分の少ない土として別途活用できます。

頂芽部を切って種イモに

　収穫したナガイモは、新聞紙などに包んでポリ袋に入れ保管しておきます。食べる際に、頂芽部を観察して、傷や腐りのないことを確かめ、40～50gに切り取り種イモにします。切り口に消石灰を付け、新聞紙に包んでポリ袋に入れ暖房のない室内で保管しておきます。残りは食用として利用します。

　また、ツルにできるムカゴを1年肥培し、それを種イモにすることもできます

6　用土の再生

　翌年も同じ土を用いてナガイモを栽培するときは、湛水処理して再調合し再生します。パイプ用土以外の培養土をプランターに戻し入れ、排水口をゴム栓でふさぎ湛水します。

　そのまま放置すると水分が蒸散するので、薄いポリシートでカバーしておくと水やりの手間がかかりません。2月末に排水し、3月中旬に苦土石灰30g、ピートモス0.5ℓ、完熟堆肥0.5ℓとぼかし肥100gを加えて混合し、プランターに戻して熟成させます。

　また分別しておいた赤玉土も湛水処理すれば、栽培パイプに詰める土として再利用できます。

ムカゴから1年イモの育成

　ナガイモにはツルの葉の付け根に小さな丸いイモ、ムカゴができます。ムカゴも春になると発芽します。もちろん食用にもできます。

　私はムカゴを波板を入れたプランターで育てるジネンジョのムカゴ栽培の方法（106～110ページ参照）でナガイモの1年イモを作り、これを種イモにして庭の畑で露地栽培しています。

ムカゴを冷蔵庫で保管

　ナガイモのムカゴは秋に、ウイルス病にかかっていない健全株から収穫し、新聞紙に包んでポリ袋に入れ冷蔵庫の野菜室で保管しておきます。ジネンジョは乾燥しやすいため、冷蔵庫で保管するとしなびたり腐ったりしや

⬆ナガイモのムカゴを新聞紙に包んでポリ袋に入れ、冷蔵庫の野菜室で保管。3月初めに居間に移し、20日後に開封したときの状態。発芽(矢印)、発根している

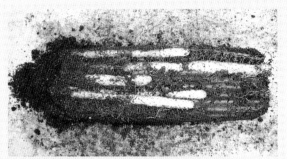

⬆ムカゴを植え付けたプランターを11月に地上部が枯れてからシート上にひっくり返し、波板をはずしたときの状態

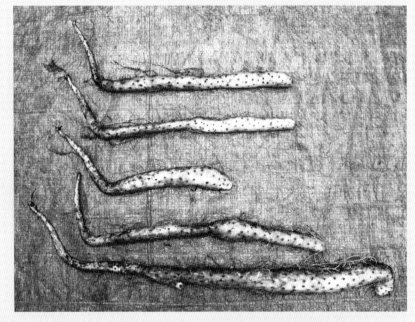

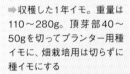

➡収穫した1年イモ。重量は110～280g。頂芽部40～50gを切ってプランター用種イモに、畑栽培用は切らずに種イモにする

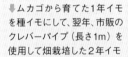

⬇ムカゴから育てた1年イモを種イモにして、翌年、市販のクレバーパイプ(長さ1m)を使用して畑栽培した2年イモ

すいですが、ナガイモはその心配がありません。当然、土の中に埋め、屋外で保管しても良いです。ただし、病原菌やセンチュウのいない健全な土が必要です。

3月初旬に発芽させて植える

3月初旬に冷蔵庫から出し、包装したまま、居間などの暖かいところに2～3週間置くと、写真のように発芽、発根してきます。まれに芽が2個つきますが。その場合は大きい芽を1個残して小さな芽をかき取ったほうが良いです。そのまま育てるとイモ数は増えますが小さくなります。

これを底に波板を入れた1台のプランターに5個植え付けて育てます。育て方は次項「11 ジネンジョ⇒湛水」を参照してください。

Part 2 11 ジネンジョ⇨湛水

ジネンジョ⇨湛水　栽培カレンダー (月)

4	5	6	7	8	9	10	11	12	1	2	3

ジネンジョ
支柱立て

△ムカゴの植え付け　▨湛水　☐収穫　▬畑状態　◇耕起・土改材・基肥　●液肥追肥

ジネンジョのムカゴ

　ジネンジョ（自然薯）はナガイモより細くて長く、ナガイモの倍くらいの1.5mにもなります。ナガイモのように標準プランターでパイプ栽培するのは困難です。しかしムカゴから育てる1年イモは、長さが50〜60cmで、ちょうど標準プランターに収まります。収穫後、3月中旬まで湛水すれば、毎年連作できます。

　ムカゴ栽培は一般的には畑栽培の種イモを育てるために行なわれています。毎年収穫したイモを種イモにしていると生育が悪くなってきたり、センチュウに侵されて肌の汚いイモが多くなってきます。健全なムカゴを選び、病原菌のいない用土を使い、底に波板を入れた標準プランターで栽培するときれいな肌の、50〜100gの種イモができます。

　ジネンジョの表皮はナガイモに比べると薄く柔らかく、収穫するとすぐにしなびたり腐ったりしやすいので、土に埋めて保管しておきます。細く小さな1年イモでも食用にできます。皮が薄いので、イモの表面にあるひげ根をガスコンロの炎にかざし焼き取れば、皮をむく必要がありません。「とろろ」にすれば、2年、3年イモで作ったものと食味は変わりません。また、ジネンジョのムカゴはナガイモのムカゴより小さいですが、味が濃厚で「ムカゴご飯」も一味違います。

ジネンジョの栽培

1　ムカゴの入手

最初は通信販売でムカゴを入手

　山に自生するジネンジョのムカゴを採取することも可能ですが、品質にバラツキがあるようです。最初は種苗メーカーの通信販売で、アクが少なく形の良い品種の健全なムカゴを入手することをおすすめします。

　私は最初、種苗会社からジネンジョの種イモ（1年イモ）を取り寄せて、畑でパイプ栽培を開始しました。その年の秋は肥培した2

年イモは食べ、ムカゴを翌年の種イモにしました。現在は1年イモの頂芽部を種イモにしてプランター栽培し2年イモを作り、これを畑栽培の種イモにしています。

2 準備する器具と用土

準備する器具

○標準プランター
○波板…市販の塩化ビニール製の波板をプランターの下部にちょうど入る大きさ16×50cmにカットしたもの
○黒色の寒冷紗…大きさ20×50cm
○ポリエステル製の布…大きさ50×60cm、カーテン生地などの透水性の良いもの（これはなくてもよいが、あったほうが散水時に安定する）
○レンガ、またはブロック1個…10cmくらいの高さのもの
○支柱…長さ2m以上のもの2本
○ネット…プランター1台当たり幅30～40cm、高さ1.5m以上、目合い10cmのネット

準備する用土

○培養土

市販の培養土12～13ℓ、または赤玉土（小粒）10ℓによく腐熟した腐葉土3ℓ、ピートモス1ℓ、ぼかし肥100g、苦土石灰20gの割合で混合し、2週間以上放置してよくなじませたもの（未熟な有機物が混じっているとイモ肌が汚くなる）。2年目からは、この用土を再生して使います（再生方法は110ページ参照）。

○赤玉土（小粒）

波板の凹部に入れる用土として使用する赤玉土（小粒）を約1ℓ

3 ムカゴの植え付け

波板の溝に赤玉土（小粒）を詰める

3月末～4月上旬にムカゴを植え付けます。

まずプランターにスノコをセットして、その上に1cmくらい準備した培養土を入れます。そこに、所定の大きさに切り取った波板を乗せ、手で押さえ安定させます。

その波板の上に赤玉土(小粒)を、波板の凸部が隠れる程度にのせ、その上に準備した用土をプランター上部に2cmくらいの空きができるよう入れます。

排水口の反対側に5～8個植える

培養土を詰めたら、排水口の反対側の縁よりにムカゴ5～8個を、2～3cmの間隔をとって、植え位置を決めます。排水口側を低くしてセットするので、新イモは排水口側に向かって伸びます。間違っても排水口側に植え付けてはいけません。

ムカゴの真下に伸びる新イモが波板の凹部に届くことをイメージしながら植える位置を決めます。プランター上部は波板より幅が広いので、両脇のムカゴは4cmくらい内側に寄せて植えます。位置が決まったらムカゴを土の中に指先で2～3cmの深さに芽を横向きにして埋め込みます。

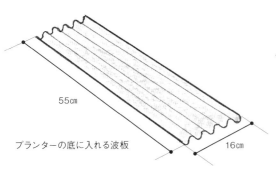

55cm　16cm
プランターの底に入れる波板

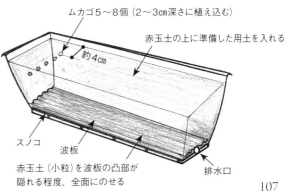

ムカゴ5～8個（2～3cm深さに植え込む）
約4cm
赤玉土の上に準備した用土を入れる
スノコ　波板
赤玉土（小粒）を波板の凸部が隠れる程度、全面にのせ
排水口

107

発芽部分を除き
黒寒冷紗とポリエステル製の布で覆う

　ムカゴが発芽してくる部分を除いて、雑草防止のために黒色の寒冷紗を乗せ、これを押さえるようにポリエステル製の布でカバーし、ポリエチレン製のヒモで固定します。植え終わったら暖かい場所に置いて発芽を待ちます。

▶ 4　プランターの設置と支柱立て

日当たりの良い場所に早く移動

　発芽し始めたらできるだけ早い時期に、日当たりの良い場所に設置します。ムカゴから1年イモを大きく育てるには、できるだけ早く発芽させ、早くから太陽光を十分当てることがポイントです。

　ジネンジョは自生地では、親イモの近くに落下したムカゴは、春に親イモより早く芽を出し、すぐに葉を展開します。遅れて発芽する親イモの芽は、最初はツルだけをぐんぐん上に伸ばし葉を広げません。かなりツルが伸びてからその上のほうで葉を展開します。これは自分の子孫を擁護し育てるジネンジョの知恵なのでしょう。このことからも、ムカゴ栽培は早く発芽させ、すぐに日を当てることが重要です。

排水口側を低くして設置

　プランターの設置場所が決まったら、レンガまたはブロックの枕を、プランターのムカゴを植え付けた側にかませます。排水口のあ

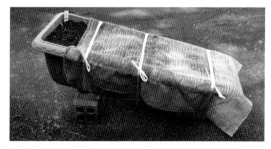
↑ブロックを枕に、排水口が低くなるように傾斜を付ける

↑4台のプランターを並べ、幅1.2m～1.6m、高さ1.8mのネットを張り育てた8月下旬の状態

る側を低くして、プランターの中に余分な水がたまらないよう、新イモが排水口側に伸びるようにすることが重要です。

発芽側に支柱を立て、ネットを張る

　ムカゴから伸びるツルはナガイモよりも長く、2m以上にもなります。プランターの発芽側に支柱を立てて、プランター1台当たり、幅30～40cm、高さ1.5m以上ネットを張ります。

　庭木の下にプランターをセットして、その木にツルを誘引し育てるのも一法です。

▶ 5　収穫までの管理

8～9月に液肥を追肥

　水やりは表土が乾いたら行ないます。真夏、風の強い日は蒸散量が多いので朝晩2回の散

水が必要です。一方　過湿にも弱いので、ときどき排水口を観察し、排水口が地中に埋まっていないことを確認してください。

茎葉が繁茂する8月初めから9月末にかけて、2週間おきに高度化成肥料の1000倍液を水やり代わりに、プランター1台当たり2ℓを与えます。ジネンジョは9月中旬ころから肥大し始めるといわれています。10月以降は追肥をやめて茎葉の伸長を抑え、肥大に専念させます。

大型の芋虫（キイロスズメの幼虫）には注意

ナガイモと同様に、7月から9月にキイロスズメと呼ばれるガの幼虫に襲われることがあるので注意してください。大型の角状の突起がある淡緑色あるいは褐色のイモムシです。大きく成長すると10cmくらいの長さになり、一晩でツルだけを残し丸坊主にしてしまいます。毎日見回り、葉柄を残して葉がなくなっていて、ツルの真下の地上部に直径が5mmくらいの大きさの黒くてシワのあるオシロイバナの種のようなイモムシの糞があれば、ツルのどこかにイモムシがいる証拠です。目を凝らして探して捕殺します。

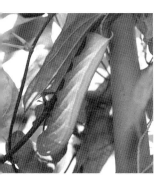
◀キイロスズメの幼虫（緑色型）

➡垂れ下がったツルについたムカゴ

径が1cm以上になるものもありますが、ほとんどが0.5～1cmです。

種にするムカゴは直径が1cmくらいあるものを選び、春まで保管します。ナガイモの種イモのように新聞紙に包んでポリ袋に入れ保管することもできますが、皮が薄くてしなびやすく、発芽率が悪くなります。おすすめは、市販の培養土か湛水処理した畑土を8号くらいのポットに詰め、この中央にムカゴを埋め込んで、来春まで土が乾燥しない程度に水を与え保存する方法です。

7　収穫

枯れてツルが切れやすくなってから収穫

11月気温が下がると、ナガイモより明るい黄色に紅葉します。この紅葉期間は数日と短いですが、きれいな色づきは地下のイモが健全に育った証しです。

収穫はそれから葉が全部枯れて、根際のツルを軽く引っ張ると簡単に切れる状態になってからです。これ以前に早掘りするとおいし

6　ムカゴの採取と保存

9～10月に採取し、培養土に埋めて保存

ムカゴは9～10月にかけて、主に垂れ下がったツルにたくさんつきます。10月中旬から下旬に十分大きくなったムカゴを、自然落下する前に、手で触ってポロっと簡単にツルから離れるものを採取します。ナガイモにつくムカゴに比べると少し小さく、中には直

▲ムカゴを8個植え付け、12月初旬に収穫。プランターをシートの上にひっくり返して波板をはずした状態。波板の凹部に沿ってイモが成長している

くありません。これ以降、春発芽する前までの休眠期間なら、いつでも収穫できます。食べる直前に掘り出したほうが良いです。ジネンジョはナガイモに比べ表皮が薄いため、しなびやすく、腐りやすいからです。

　1年イモを畑の露地栽培用の種イモに使用するときは、いったんプランターから取り出し、品質を確認し、再度、土に埋めて来春まで保管します。

頂芽部を育て、畑栽培の種イモに

　ジネンジョは肥大しない首部分が長く、首部の20～30cmはほとんど肥大しません。頂芽部のついた先端から10cm（約5g）は、ムカゴと同様にプランター栽培して2年イモにし、これを畑栽培の種イモとしています。

　この頂芽部の下の比較的細い首部分15～20cmは、細かく切ってムカゴと同様の料理にして食べ、その下の肥大部はすりおろしてとろろ汁などにして食べます。

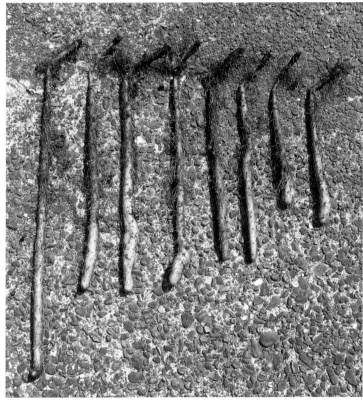

↑1台のプランターで収穫したジネンジョ

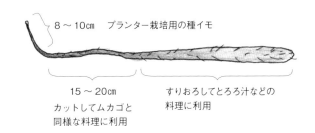

8～10cm　プランター栽培用の種イモ
15～20cm カットしてムカゴと同様な料理に利用
すりおろしてとろろ汁などの料理に利用

8　使用した土の再生

収穫後2ヵ月間以上、湛水処理する

　ジネンジョは基本的に連作可能な植物と思われますが、畑で連作するとネコブセンチュウに侵されイモ肌が汚くなり、生育も悪くなります。プランター栽培ではこのセンチュウ防除のために、収穫後、用土をプランターに戻し入れ、排水口に栓をし、プランターの上部まで水を入れて2ヵ月間以上放置します。収穫を12月中に終えて湛水処理を開始し、3月初めに水を切って、苦土石灰30g、完熟堆肥0.5ℓ、ピートモス0.5ℓ、ぼかし肥100gを混ぜて1ヵ月以上置いて、3月下旬から4月上旬に、また種イモを植え付けます。

9　頂芽部から2年イモの種イモを作る

1年イモの頂芽部4～5gをプランター栽培

　ムカゴから育てた1年イモを畑栽培の種イモにすると、りっぱなイモができますが、1年イモの頂芽部をさらにもう1年、プランター栽培して2年イモに育て、これを畑栽培の種イモにすることをおすすめします。同じ重さの1年イモの種イモと比べると、1年イ

モを種イモにした2年イモはイモの首の部分が細く長くなりますが、2年イモを種イモにした3年イモは、細い首の部分が短く、少しずんぐりした形となり、ボリュームも向上するからです。

この1年イモの頂芽部を種イモにするプランター栽培法は、ムカゴの代わりに1年イモの頂芽部4～5gを種イモとするだけで、後はムカゴとまったく同じです。標準プランターの場合、植え付ける種イモ数は5個がよいです。ちょうどムカゴを埋め込む位置に、種イモの頂芽部を合わせるように、首の先端を排水口側の反対側に向けて、頂芽部から垂直方向に伸びる新イモが波板からはみ出さないようにセットします。ムカゴから育てた1年イモより少し太い90～120gくらいの2年イモが収穫できます。

もっと大きいイモを収穫しようと、頂芽部を5g以上に大きく切って種イモにすると、新イモがふぞろいになり、一部は標準プランターの長さ以上に伸びて先端が複雑に曲がり、塊状になってしまいます。これ以上に大きく育てたいときは1.3mくらいの長さのパイプを用いて畑栽培すれば、600g～1kgのりっぱなイモが収穫できます。

種イモは土中で保管

収穫は地上部が完全に枯れてから行ないます。栽培に慣れるまでは、収穫適期が来たらいったん掘り出し、予定どおりにイモが育っているか確認し、必要な種イモの数を適度の湿り気のある病原菌のいない土の中に埋め、来春まで保管します。ナガイモの種イモは新聞紙に包んでポリ袋に入れ冷蔵庫で保管できますが、ジネンジョを同様に行うとしなびて発芽能力が悪化するので注意してください。

栽培に慣れてきたら秋に掘り出さないでそのまま放置し、来春、種イモを畑に植え付ける直前に取り出してもよいでしょう。葉に病気がなく、黄色にきれいに紅葉していれば、掘り出さなくとも間違いなく良質な種イモができていると判断できるからです。

⬆ 1年イモの頂芽部4～5gをプランターの排水口の反対側に頂芽部がくるように植え、この上に2～3cm覆土

➡ ブルーシートの上にプランターをひっくり返し、波板をはずした2年イモ。重量は95～135g

⬆ 2年イモの頂芽部を種イモにし、市販のジネンジョ用クレバーパイプ（135cm）を用い畑栽培した3年イモ。重量は830g

著者略歴

中島康甫（なかしま　やすお）

昭和16年、岐阜県生まれ。昭和42年、慶應義塾大学大学院工学研究科応用化学修士課程卒。同年、三井化学株式会社（旧東洋高圧工業）入社。平成9年、三井東圧肥料株式会社代表取締役社長。平成15年退職。
三十数年前より、観察・創意工夫・自給（リサイクル）をモットーに家庭菜園に勤しむ。

著書：『ぼかし肥と緩効性肥料で　30坪の自給菜園』（農文協）
住所：〒168-0081　東京都杉並区宮前4丁目12-2

用土を変えずに連作できる
プランターの田畑リレー栽培
2015年3月10日　第1刷発行

著者　中島康甫

発行所　一般社団法人　農山漁村文化協会
〒107-8668　東京都港区赤坂7-6-1
電話：03-3585-1147（編集）
　　　03-3585-1141（営業）
FAX：03-3585-3668
振替：00120-3-144478
HP：http://www.ruralnet.or.jp/

印刷・製本　㈱シナノ
制作　岡崎さゆり

〈検印廃止〉
©中島康甫 2015 Printed in Japan
ISBN978-4-540-12127-2

定価はカバーに表示してあります。
無断転載を禁じます。
乱丁・落丁本はお取り替えいたします